Beck-Wirtschaftsberater

Gekonnt kontern

dtv

Beck-Wirtschaftsberater

Gekonnt kontern

Wie Sie Angriffe souverän entschärfen

Von Prof. Dr. habil. Christian-Rainer Weisbach

Deutscher Taschenbuch Verlag

Im Internet:

dtv.de

beck.de

Originalausgabe
Deutscher Taschenbuch Verlag GmbH & Co. KG,
Friedrichstraße 1a, 80801 München
© 2004. Redaktionelle Verantwortung: Verlag C.H.Beck oHG
Gesamtherstellung: Druckerei C.H.Beck, Nördlingen
(Adresse der Druckerei: Wilhelmstraße 9, 80801 München)
Grafiken: Hoffmanns Text Office, München
Umschlaggestaltung: Agentur 42 (Fuhr & Partner), Mainz
ISBN 3 423 50885 X (dtv)
ISBN 3 406 52475 3 (C. H. Beck)

Vorwort

Immer wieder begegne ich der Frage: „Wie kann man das üben?" Gemeint ist die Umsetzung des 10. Kapitels aus meinem Buch „Professionelle Gesprächsführung". Hatte ich zunächst daran gedacht, einer künftigen Auflage ein kurzes Trainingsprogramm hinzuzufügen, stellte sich bald heraus, daß ein professionelles Reagieren auf Angriffe und andere Widrigkeiten weit mehr Übung bedarf, als sich auf wenigen Seiten beschreiben lässt. So entstand zunächst einmal ein Seminar **„Gekonnt kontern"**.

„Das ist ja geistiges Jiu Jitsu." So die Worte einer Teilnehmerin während einer dieser Schulungen. Stimmt, da gibt es eine wesentliche Übereinstimmung: Jiu Jitsu bedeutet „sanfte Kunst". Es ist ein traditionelles Selbstverteidigungssystem, dessen Ziel es ist, einen Angreifer zu besiegen, ohne ihn dabei zu verletzen. Nach dem gleichen Grundprinzip soll beim gekonnten Kontern der andere – trotz seines Angriffs – sein Gesicht wahren können, und gewissermaßen seelisch unverletzt aus der von ihm angezettelten Situation herauskommen.

Leider hilft es wenig, treffsichere Floskeln und Phrasen für typische Situationen in der Schublade zu haben. Meistens passt der unerwartete Angriff nicht zu dem vorhandenen Antwort-Vorrat. **Gekonntes Kontern** zielt darauf ab, mit lediglich vier Reaktionen die Aufmerksamkeit vom Angegriffenen auf den Angreifer zu lenken und dabei souverän jede Provokation zu entschärfen.

Meine Teilnehmer haben mir in den vergangenen Jahren geholfen, dieses Thema auf ihre jeweilige Lebenswirklichkeit auszurichten. Ich verdanke Ihnen viele Beispiele und Erfahrungsberichte. Besonders möchte ich mich bei unseren Kindern bedanken, die nicht nur mit vielen Beispielen das Manuskript bereichert haben, sondern mir immer wieder schwierige Situationen vorgelegt haben, um gemeinsam zu prüfen, wie das **gekonnte Kontern** im Alltag wirklich funktioniert.

Tübingen, im Juni 2004 *Christian-Rainer Weisbach*

Inhaltsverzeichnis

Vorwort V

1. Ein Angriff lässt sich verschieden deuten 1
2. Dem anderen mitteilen, was er eigentlich will........................ 23
3. Erfassen, wie dem anderen zumute ist................................... 41
4. Ansprechen, wofür der andere Sie hält................................... 57
5. Die Möglichkeiten der sachlichen Erwiderung...................... 77
6. Die vier Reaktionsmöglichkeiten im Vergleich 97
7. Unerwartete Reaktionen 117
8. Wie Sie Unverschämtheiten stoppen 135
9. Die Gefahren der Schlagfertigkeit.. 157

Nachwort 181
Literatur 183
Anhang.. 185

1. Ein Angriff lässt sich verschieden deuten

Immer wieder werden wir mit Äußerungen konfrontiert, auf die wir nicht vorbereitet sind. Da bekommt einer auf sein freundliches „Dankeschön" zur Antwort: „Dafür kann ich mir auch nichts kaufen." Ein anderer fragt höflich, wo es die inserierten Sonderangebote gibt und wird mit den Worten zurechtgewiesen: „Sie können wohl nicht lesen"; dabei zeigt der Verkäufer mit dem Daumen auf ein Schild hinter sich. Und ein Dritter bekommt in spitzem Ton zu hören: „Ach, Sie kennen das nicht?!"

Wahrscheinlich vergeht auch bei Ihnen kaum ein Tag, an dem Sie nicht provoziert werden, patzige Antworten zu hören bekommen oder unsachlich kritisiert werden. Darauf gilt es, angemessen zu reagieren, eben gekonnt zu kontern. Der Begriff des Konterns kommt aus dem Sport und bedeutet, den Gegner **im Angriff abzufangen.**

Leider sind wir umgeben von Menschen, die ihr Glück im Zurückschlagen suchen und bemüht sind, es mit gleicher Münze heimzuzahlen. Nur zu oft können wir beobachten, wie sich so etwas schnell aufschaukelt, laut und gehässig wird und am Ende schließlich nur Verlierer übrig bleiben.

Aber vielleicht kennen sie auch die andere Seite. Unvermittelt werden Sie mit einer Bemerkung konfrontiert, die alles andere als positiv ist. Sie möchten gern etwas schlagfertig erwidern, aber vor Überraschung sind Sie plötzlich sprachlos. Ihnen fehlen im wahrsten Sinne die Worte. Fällt Ihnen schließlich eine passende Reaktion ein, ist es zu spät. Das macht alles nur noch schlimmer. Manch einer brütet noch stundenlang und führt wütende Selbstgespräche. Es werden Sätze geschmiedet, die man dem anderen gern entgegengeschleudert hätte, und mit denen man es ihm bei nächster Gelegenheit heimzahlen will.

So verständlich diese Reaktion auf den gerade erlittenen **Gesichtsverlust** ist, so einseitig richtet sich die Betrachtung auf Rachegedanken. Das Denken kreist fast nur noch um die eigene Verletztheit. Genau an diesem Punkt findet der Leidende und der sich gedemütigt Fühlende Hilfe. Auf dem Büchermarkt gibt es viele Ratgeber, die helfen wollen, die fehlende Schlagfertigkeit zu verbessern bzw. zu entwickeln. Ob es sich um Anleitungen zum „Zurückschlagen" handelt, um Tipps, sich „intelligent zu wehren" oder vielversprechend „die Magie der Schlagfertigkeit" dazu führt „nie wieder sprachlos" zu sein (so einige vielversprechende Buchtitel) – stets geht es um den Betroffenen, der lernen soll, sich zu schützen bzw. zu wehren. Um es gleich vorweg zu nehmen: Die Mehrzahl dieser Tipps und Tricks ist erprobt und höchst wirksam. Der andere, den ich der Einfachheit halber Angreifer nennen möchte, wird mit einer Reaktion konfrontiert, die ihn mundtot machen oder doch wenigstens davor zurückschrecken lassen soll, noch weitere Angriffe zu starten.

Es ist bezeichnend, dass der Begriff der **Schlag**fertigkeit der Militärsprache entlehnt ist, dabei geht es im Wortsinn tatsächlich ums **Schlagen.** Was hier aber ausgeblendet wird, ist die Reaktion des anderen auf unsere Schlagfertigkeit. Wie geht dieser mit unserem Schlag um, wie steckt er unsere Abwehr ein?

Sie mögen erstaunt fragen, wozu Sie sich auch noch um die Befindlichkeit eines Menschen kümmern sollen, der doch die Verantwortung für Ihre missliche Lage trägt. Immerhin hat er mit seinem Vorgehen gewissermaßen Ihren Gesichtsverlust hervorgerufen. Von Kindern kennen Sie den Satz: „Der hat schließlich angefangen ..."

Wenn der Angreifer durch unsere Reaktion sein Gesicht verliert, dann haben wir lediglich den Spieß umgedreht. Nun fühlt sich der andere schlecht und sinnt seinerseits auf Rache. Die Spirale der Gewalt dreht sich. Wie rasch sich etwas aufschaukelt, zeigt folgendes viel zitierte Beispiel:

Die beiden Parlamentarier *Winston Churchill* und *Lady Astor* gerieten während eines Wochenendbesuchs bei den *Marlborough's* heftig aneinander. Während des Abendessens auf Schloss Blenheim soll *Winston Churchill* mit folgender Bemerkung von *Lady Astor* angegriffen worden sein: „Wenn ich Ihre Frau wäre, würde ich Gift in Ihren Kaffee geben." Worauf *Churchill* erwidert haben soll: „Wenn ich Ihr Mann wäre, würde ich ihn trinken."

In einigen Büchern zum Training von Schlagfertigkeit wird *Churchills* Antwort als Modellreaktion für gelungene Selbstbehauptung dargestellt. Vielleicht haben Sie – genauso wie ich – beim ersten

Lesen über dieses giftige Wortspiel geschmunzelt. Wenn wir uns jedoch fragen, wie sich *Lady Astor* gefühlt haben mag, nachdem ihr heftiger Angriff derartig pariert wurde, dann entdecken wir, dass sie ihr Gesicht verloren hat. Man könnte jetzt – nicht ganz frei von Schadenfreude – bemerken, dass die Sache für *Lady Astor* „dumm gelaufen" ist. Schließlich hatte sie alle Regeln der konventionellen Kommunikation gebrochen und einen ungewöhnlich aggressiven Angriff auf ihren Parlamentskollegen *Churchill* gestartet. Aber ihre uns überlieferte Reaktion zeigt, wie Angreifer durch erlittenen Gesichtsverlust zu noch grimmigeren Attacken ansetzen:

> *Lady Astor* soll entgegnet haben: „Sie sind ja total betrunken." Worauf *Churchill* noch eins drauf gesetzt haben soll: „Der Unterschied zwischen mir und Ihnen ist: Wenn ich morgen in den Spiegel schaue, bin ich wieder nüchtern, Sie aber immer noch hässlich."

Können Sie sich vorstellen, dass die beiden nach diesem heftigen Schlagabtausch jemals wieder respektvoll miteinander umgingen? **Schlag**fertigkeit teilt stets so aus, dass sich einer geschlagen bzw. getroffen fühlen soll. Auch wenn *Churchill* die Zuschauer dieser Abendgesellschaft mit seiner Erwiderung erheitert haben mag, die angreifende *Lady Astor* wurde verletzt und schließlich öffentlich beleidigt.

Wer auf **Schlag**fertigkeit setzt, bringt die innere Bereitschaft zum Schlagen mit. Doch es gibt ein Leben nach dem Zurückschlagen. Und das sieht in der Regel ganz und gar anders aus, als wir das aus Film und Theater gewöhnt sind. In der Realität knickt der andere eben nicht ein, wird sprachlos oder sucht einen raschen Abgang. Im Gegenteil, ähnlich der beleidigenden Erwiderung von *Lady Astor* („Sie sind ja total betrunken") kann der andere auf unseren groben Klotz einen noch gröberen Keil setzen. Und am Ende siegt, wer den längeren Atem hat, ein Sieg nach Punkten.

Dieses **Sieger-Verlierer**-Spiel ist geprägt von einer Entweder-Oder-Haltung. Entweder setze **ich** mich durch oder der andere. Dann schon lieber ich. Wer siegen will, produziert allerdings automatisch Verlierer. Und dieser Verlierer fühlt sich nun seinerseits nicht ernst genommen; schließlich hat er gerade sein Gesicht verloren.

Die Entweder-Oder-Haltung

1. Runde: **2. Runde:**

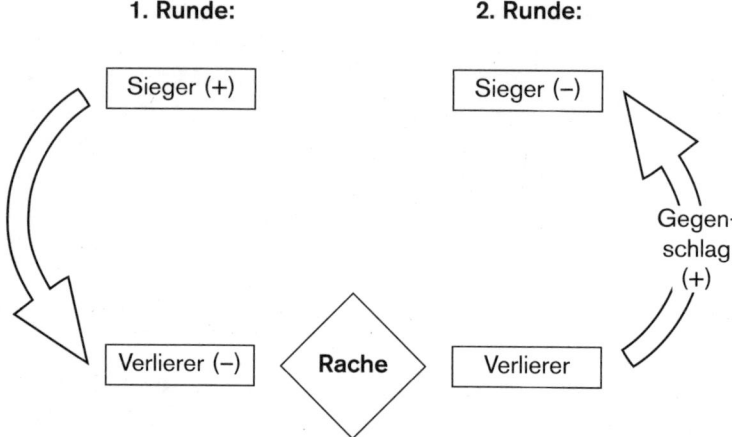

Es ist zwar eine weit verbreitete Vorstellung, dass man einem Angreifer gehörig Kontra geben müsse, aber ich konnte noch nicht beobachten, dass der Verlierer dadurch friedlich einlenkt. Im Gegenteil: Entweder sinnt der Verlierer auf Rache, oder er wehrt sich auf der Stelle für den erlittenen Gesichtsverlust. Der Sieger muss so oder so für seinen Sieg zahlen. Der Gesichtsverlust eines anderen Menschen fordert einen hohen Preis. Da sich Rache nicht offen ankündigt, kommt zusätzlich noch ein Moment der Unberechenbarkeit hinzu.

Ich gebe zu, eine gelungene Racheaktion wird von einem Gefühl der Befriedigung begleitet und zieht eine gewisse Genugtuung nach sich. Nach dem Motto: „Dem habe ich es jetzt so richtig zurück gegeben!" Meist hält das Gefühl der Genugtuung nur für kurze Zeit an, dennoch ist es das vielen Menschen Wert, sich heftig zur Wehr zu setzen. Derartige Vergeltungsaktionen machen aber den Gesichtsverlust nicht wieder wett, geschweige denn, dass dadurch der Respekt des anderen gewonnen wird.

Um möglichen Missverständnissen gleich zu Beginn vorzubeugen, möchte ich betonen, dass der Verzicht auf Schlagfertigkeit keineswegs das demütige Einstecken von Gemeinheiten einschließt. **Gekonntes Kontern** fängt den Angriff nicht nur auf, sondern dient auch Ihrer Gesichtswahrung. Dabei treten Sie so souverän auf, dass Ihnen zukünftige Angriffe dieser Art von vornherein erspart bleiben.

Die Grundsätze, auf denen das **gekonnte Kontern** ruht, haben eine Entsprechung in den fernöstlichen Kampfkünsten des **Aikido** und des **Tai Chi**. Um das nachvollziehen zu können, will ich die Prinzipien dieser beiden Richtungen erklären:

Aikido ist eine japanische Kampfkunst, die Anfang des 20. Jahrhunderts von dem Japaner *Morihei Ueshiba* entwickelt wurde. Es ist eine defensive Kampfkunst gegen bewaffnete und unbewaffnete Angreifer. AI-KI-DO beruht auf dem Vermögen, Gedanken und Handlungen in Harmonie (AI) zu koordinieren und einem geschulten und disziplinierten Willen als lenkender Kraft (KI). Ähnlich wie bei Zen-Praktiken werden auch im Aikido Körperhaltungen und Einstellungen trainiert, die diesen Weg (DO) erleichtern und fördern sollen.

Es geht nicht darum, einen Gegner im Kampf zu beherrschen, zu überwinden und zu vernichten. AI-KI drückt das Bemühen aus, die gegensätzlichen Absichten der Kontrahenten im Sinne einer himmlisch-kosmischen Harmonie in Einklang zu bringen, zu harmonisieren. Durch die völlige Bündelung aller Sinne, erzeugt das AI-KI Überlegenheit. Überlegenheit, die dazu dient, den eigenen Zweifel und inneren Konflikt zu besiegen, um aus diesem Zustand heraus ein friedliches und harmonisches Zusammenleben aller Lebewesen zu schaffen.

Die Übersetzung des Wortes **Tai Chi** ist sehr schwierig, da es sich um einen Fachbegriff der chinesischen Philosophie handelt. Die Hauptstelle, auf die sich immer wieder berufen wird, findet sich in den Anhängen des Buches der Wandlungen, dem I Ging aus vorchristlicher Zeit. Dort heißt es: „In den Wandlungen gibt es das Tai Chi, welches die zwei Instrumente (Yin und Yang) erschafft." **Tai Chi** – auch als „Schattenboxen" bezeichnet – ist eine Kampfkunst, die auf der Harmonie von Yin und Yang beruht.

Im **Tai Chi** wird geraten, nicht Kraft gegen eine Kraft zu verwenden oder nach der ersten Offensive zu trachten. Sonst schlägt derjenige mit der größeren Kraft den Schwächeren und die schnellere Hand dominiert über die langsamere.

Wenn man übt, versucht man einen ruhigen Geist zu behalten, nicht aktiv anzugreifen und die Bewegungen mit möglichst großer Leichtigkeit zu führen. Man sagt: „Leichtigkeit in der Bewegung führt zu Beweglichkeit, Beweglichkeit ermöglicht den Wechsel und der Wechsel führt zum Neutralisieren." Leichtigkeit bedeutet aber nicht, dass gar keine Kraft gebraucht wird. Die Kraft wird nur zurückgehalten und dem Partner nicht gezeigt. Um die Kraft des Partners zu spüren, muss man ein sehr feines Gefühl entwickeln. Wenn dies gelingt, kann das Wissen über Richtung und Stärke der Kraft des Partners dazu benutzt werden, diesen aus dem Gleichgewicht zu bringen. Dies bedeutet, dem Prinzip zu folgen: „Überwinde Härte mit Weichheit".

Gemäß diesen Prinzipien wird beim **gekonnten Kontern** die Angriffsenergie abgeleitet und geprüft, wie weit sich gegensätzliche Absichten in Einklang bringen lassen.

Doch bevor wir uns mögliche Reaktionen auf einen Angriff näher anschauen, scheint es mir wichtig, noch einen Moment beim Angriff selbst zu bleiben. Wir fühlen uns durch eine Äußerung oder auch eine nichtsprachliche Handlung eines anderen Menschen beeinträchtigt. Was genau empfinden wir dabei als Angriff?

Es gibt ein ungeschriebenes Gesetz, an das sich in der Regel alle Menschen halten: Wir bestätigen uns gegenseitig – so weit wie möglich – unseren Wert und demütigen einander so wenig wie möglich. Soziologen sprechen davon, dass uns ein „Gesellschaftsvertrag" verbindet, der uns eigentlich verpflichtet, einander nach bestem Vermögen anzuerkennen. Aus diesem Grund vermeiden wir, uns gegenseitig absichtlich zu quälen oder besser gesagt: Wir sind darauf bedacht, dass man uns die **Absicht** nicht anmerkt. Sobald jedoch unsere Ziele offen zutage treten, stehen wir in der **Verantwortung.** Es ist ein Unterschied, jemanden spontan zu provozieren oder die Verantwortung dafür zu übernehmen, einen anderen absichtlich zu reizen.

Stellen Sie sich folgende Schulsituation vor: Ein Schüler piekst seinen Vordersitzer mit einem spitzen Bleistift zwischen die Rippen.

Natürlich will der Schüler absichtlich ärgern. Doch das wird in der Regel nicht angesprochen. Statt dessen wird sich der Vordersitzer handgreiflich wehren oder „Lass das!" rufen. Der Angreifer wäre irritiert, würden die Folgen seiner Handlung zur Sprache kommen, beispielsweise: „Du tust mir weh." Vielleicht reizt es ihn, dennoch weiter zu pieksen. Doch wenn nun die Reaktion kommt: „Du willst mir also absichtlich weh tun." muss er eine Entscheidung fällen: Aufhören, oder im gegenseitigen Bewußtsein **seiner Verantwortung** absichtlich weitermachen.

Auch Erwachsene tun sich schwer, die Verantwortung für Provokationen und Beleidungen zu übernehmen. Können Sie sich vorstellen, dass jemand, der mobbt, offen zugibt zu mobben? Oder dass jemand bekennt: „Ich weiß, wie beleidigend meine Äußerung auf Sie wirkt, aber ich will Sie kränken."

Ich komme noch einmal auf die Frage zurück, was wir eigentlich bei einer Äußerung als Angriff empfinden. Das Wort „empfinden" drückt bereits aus, dass es um unsere Gefühle geht. Im Umgang mit anderen Menschen werden immer wieder drei zentrale Empfindungen berührt, die mit unserem Bedürfnis nach **Selbstachtung** und **Anerkennung** zusammenhängen: Es sind dies die Gefühle von Stolz, Scham und Wut.

Stolz entsteht, wenn andere uns der eigenen Einschätzung entsprechend beurteilen. Dabei freuen wir uns mit Recht und sind mit Selbstbewusstsein über uns bzw. unsere Leistung erfüllt. Wenn wir stolz sind, befinden wir uns in angenehmer Übereinstimmung mit der Bewertung durch andere.

Scham entsteht, wenn wir entgegen der eigenen Selbstachtung leben. Diese peinliche Empfindung erfüllt uns mit Verlegenheit, weil wir die Abweichung von unseren eigenen Ansprüchen deutlich spüren. Verständlicherweise setzt das Gefühl der Scham in der kindlichen Entwicklung relativ spät ein. Um sich nämlich zu schämen, bedarf es eines Bewußtseins für das Missverhältnis von eigenen Ansprüchen und Wirklichkeit.

Und **Wut** entsteht, wenn wir respektloser behandelt werden, als es der eigenen Einschätzung entspricht. Auch Wut setzt voraus, dass wir die Abweichung zwischen beanspruchter und tatsächlich gezeigter Wertschätzung registrieren. So erklärt sich unser Ärger über den Angriff als eine Verletzung unseres Selbstwertgefühls: Ein anderer sieht uns nicht so, wie wir gern gesehen werden möchten. Damit bekommt die Angelegenheit aber einen Haken: Nur Menschen, von denen wir uns wünschen, dass sie nicht nur unseren Eigenwert, sondern auch den Wert der Menschen, Dinge oder Grundsätze anerkennen, die wir selbst für wichtig halten, können uns in Rage bringen. Folgendes Beispiel mag dies illustrieren:

Stellen Sie sich vor, Sie waren beim Friseur und kommen nun neu gestylt ins Büro. Einer Ihrer Kollegen bemerkt dazu: „Wie siehst du denn aus? Wir haben doch keinen Fasching." Welche Empfindungen löst diese Äußerung bei Ihnen aus?

Stellen Sie sich nun vor, Sie kommen mit der neuen Frisur nach Hause und werden von Ihrem vierjährigen Kind mit den gleichen Worten empfangen. Welche Gefühle löst das aus?

Es ist also nicht die Äußerung selbst, die wir als Angriff erleben, sondern die Beziehung entpuppt sich anders, als wir das bislang eingeschätzt hatten. Das obige Beispiel lässt sich noch deutlicher fassen: Wie kränkend wir diese Äußerung empfinden, hängt von unserer Beziehung zum Kollegen ab. Ist der Kollege bekannt für seine giftigen Bemerkungen, sind wir ohnehin auf der Hut und schon auf einen anzüglichen Kommentar vorbereitet. Kommt dieser Satz aber von jemandem, den wir still verehren, trifft uns die Äußerung hart. Zusätzlich werden wir noch durch Vorerfahrungen und den Zusammenhang der Situation beeinflusst.

Während eines Seminars äußerte eine Studentin: „Herr Weisbach, was Sie da erklärt haben, stimmt für mich nicht überein, vielleicht gibt es auch keinen Sinn."

Da ich wusste, dass diese ausländische Studentin noch einige Probleme mit der deutschen Sprache hatte, fragte ich nach, was Sie genau damit meine und erfuhr so, dass sie eigentlich sagen wollte: „Was Sie da erklärt haben, damit stimme ich nicht überein, vielleicht verstehe ich es auch nicht (= gibt nichts meinem Sinn)."

Es wird deutlich, dass wir gar nicht direkt auf die Handlung eines anderen reagieren können. Solange wir im alltäglichen Gespräch nicht erfahren, wie eine Äußerung zu verstehen ist, müssen wir in einer Art Zwischenschritt zunächst einmal diese Handlung interpretieren, ihr also eine **Bedeutung geben.** Mit anderen Worten: Da die „Gebrauchsanweisung" für das Verständnis eines Satzes üblicherweise nicht mitgeliefert wird, sind wir genötigt, uns selbst zu behelfen, sprich zu interpretieren.

Mit folgendem Schema möchte ich diesen Vorgang veranschaulichen:

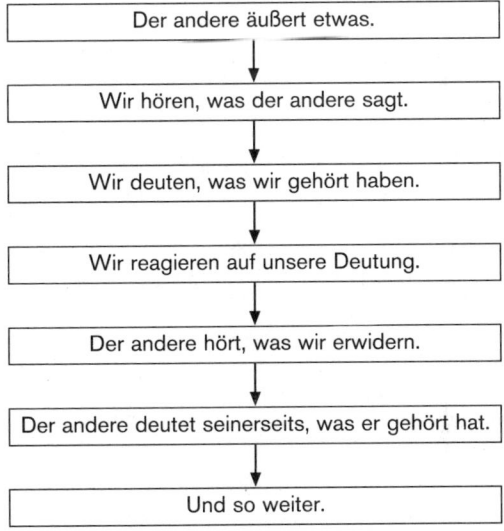

Manchem Leser mag diese Aufspaltung unseres Reagierens befremdlich und höchst theoretisch erscheinen. Viele Menschen gehen davon aus, dass sich ihre Reaktion direkt auf das bezieht, was ihr Gegenüber zuvor geäußert hat. Ihre jeweilige Interpretation klammern sie vollständig aus, weil diese gar nicht nötig sei. Schließlich sei doch klar, was der andere meint, das ergebe sich schon aus dem Zusammenhang und den Vorerfahrungen.

Ich möchte Ihnen an dieser Stelle Gelegenheit geben, im Rahmen einer kurzen Übung zu überprüfen, wie neutral oder wie interpretierend sie etwas aufnehmen. Lesen Sie sich den folgenden Text ein

Mal durch. (Sie werden noch mehr von diesem „Test" profitieren, wenn Sie sich den Text vorlesen lassen.)

Frau Mehlke arbeitet seit fünf Jahren halbtags, genau seit ihre zwei Kinder zur Schule gehen. Bislang konnte sie Arbeit und Haushalt gut miteinander verbinden, doch heute geht alles schief. Jochen, ihr ältester Sohn, hatte sich den Magen verdorben und nachts mehrfach erbrochen. Zum Glück reichte Frau Mehlke die Zeit, morgens noch die verschmutzte Wäsche in die Waschmaschine zu geben. Mittags musste sie im Supermarkt sehr lange an der Kasse warten und stellte erst zu Hause fest, dass sie das wichtigste, nämlich Salz, vergessen hatte. Daheim angekommen, entdeckte sie voller Schreck, dass ihre Küche unter Wasser stand, die Waschmaschine war ausgelaufen. Es dauerte einige Zeit, bis Frau Mehlke die Küche trockengelegt hatte; schon kam ihr jüngstes Kind aus der Schule. Vom Mittagessen war noch keine Spur zu sehen. Frau Mehlke, die sich kurz entschlossen für Spiegeleier entschied, versuchte zwischendrin einen Monteur für ihre Waschmaschine anzurufen, damit der Schaden rasch behoben würde. Zu ihrer Erleichterung ging Meister Krüger während der Mittagspause ans Telefon und vereinbarte mit ihr, sich den Schaden am Nachmittag anzusehen. Frau Mehlke musste dieses Gespräch unvermittelt beenden, denn aus der Küche roch es bereits unangenehm nach verbranntem Fett. In der Tat, sie hatte vergessen, die Pfanne vom Herd zu nehmen, ehe sie zum Telefonieren ging. „Heute geht aber auch alles schief!" waren die Begrüßungsworte von Jochen, als dieser zur Küchentür hereinkam. „Weil ich mein Lesebuch vergessen hab', muss ich 'ne Strafarbeit schreiben." Frau Mehlke hörte gar nicht recht hin, denn in Gedanken ordnete sie ihren Nachmittag neu. Sie musste ja daheim bleiben, um den Monteur zu empfangen, konnte also weder zum Friseur gehen, noch sich einen kurzen Stadtbummel genehmigen. „Hoffentlich wird diese Reparatur nicht so teuer", dachte sie bei sich, und machte sich innerlich schon darauf gefasst, mit dem Geld in diesem Monat wieder nicht auszukommen.

Zu diesem kurzen Text gehören die folgenden 14 Aussagen. Kreuzen Sie diejenige Aussage an, die Sie für zutreffend bzw. richtig halten, ohne dabei noch einmal zurückzublättern und im Text nachzuschauen.

Fragen **Trifft zu**

(1) Frau Mehlke arbeitet in einem Supermarkt. . . . . ☐

(2) Jochen hat sich im Bett erbrochen. . . . . ☐

(3) Frau Mehlke ist seit 5 Jahren berufstätig. . . . . ☐

(4) Sie hat zwei schulpflichtige Söhne. . . . . ☐

(5) Die Laugenpumpe der Waschmaschine ist defekt. . . . . ☐

(6) Die Spiegeleier werden auf einem Elektro-Herd bereitet. . . . . ☐

(7) Das Mittagessen ist salzlos. . . . . ☐

(8) Sie telefoniert mit einem Monteur der Waschmaschinennieder-
lassung. . . . . ☐

(9) Die Spiegeleier sind angebrannt. . . . . ☐

(10) Der Monteur verspricht, gleich nach der Mittagspause zu kommen. . . ☐

(11) Jochen ärgert sich wegen der Strafarbeit über seine Lehrerin. . . . . . . ☐

(12) Frau Mehlke will in der Stadt etwas besorgen. ☐

(13) Die Waschmaschine ist reparaturanfällig. . . . . ☐

(14) Frau Mehlke kann mit Geld nicht umgehen. . . . . ☐

Summe aller Kreuze

Lösungen

(1) Ob Frau Mehlke dort arbeitet, wissen wir nicht, die Geschichte sagt darüber nichts aus.

(2) Wir wissen nur, dass Jochen sich nachts erbrochen hat. Muss es im Bett
gewesen sein?

(3) Nein, das stimmt nicht. Wir erfahren nur, dass sie seit fünf Jahren halbtags arbeitet; wie lange sie in ihrem Leben schon berufstätig war, das
bleibt offen.

(4) Sie hat zwar zwei Kinder, wir kennen jedoch nur den Namen des ältesten
Kindes, das zweite Kind kann auch eine Tochter sein.

(5) Über die Laugenpumpe wird nichts ausgesagt. Zugegeben, das könnte
ein Grund sein für die nasse Küche, aber es gibt auch andere Möglichkeiten.

(6) Ein Herd steht in der Küche, ob mit Strom oder Gas betrieben, wissen
wir nicht.

(7) Wir wissen zwar, dass Frau Mehlke unbedingt Salz kaufen wollte, aber
dass in der Küche nicht mehr genügend Salz vorrätig ist, um Eier zu
salzen, das bleibt offen. Wer ganz spitzfindig ist, wird sogar noch hinzu-
fügen, dass wir nicht einmal wissen, ob überhaupt Speisesalz genötigt
wurde.

(8) Sie telefoniert mit einem Monteur. Ob dieser aber in einer Waschmaschi-
nenniederlassung angestellt ist, erfahren wir nicht.

(9) Nein, das Fett in der Pfanne ist verbrannt, nicht die Eier.

(10) Der Monteur vereinbart, sich den Schaden im Laufe des Nachmittags anzusehen.

(11) Ob sich Jochen ärgert, erfahren wir nicht, wenngleich es wahrscheinlich ist, so wie er nach Hause kommt. An keiner Stelle wird etwas von einer Lehrerin berichtet.

(12) Nein, Frau Mehlke möchte sich einen Stadtbummel genehmigen.

(13) Ob die Maschine anfällig ist für Reparaturen, erfahren wir nicht. Vielleicht war die letzte teure Reparatur an der Spülmaschine oder am Trockner oder sonst irgendwo ausgeführt worden.

(14) Bei dieser Frage scheiden sich die Geister. Manch einer meint, wer zweimal hintereinander mit seinem Haushaltsgeld nicht auskommt, der zeigt, dass er nicht mit Geld umgehen kann. Schließlich fehlen entsprechende Rücklagen für Sonderausgaben. Nun, hier hängt Ihr „richtig" oder „falsch" vom strengen Beurteilungsmaßstab ab und davon, was Sie unter „mit Geld umgehen« verstehen.

Ich gebe zu, dass dies ein spitzfindiger „Test" ist. Vielleicht konnten Sie entdecken, wie sehr Ihre Entscheidungen über „trifft zu" bzw. „trifft nicht zu" von den Bildern beeinflusst waren, die Sie sich beim ersten Lesen oder Zuhören gemacht hatten. Unser Gehirn macht sich fortlaufend Bilder, ganz gleich ob diese zutreffen oder nicht. Weil uns **unsere eigenen Bilder** natürlich vertraut und nahe sind, merken wir in der Regel nicht, dass wir auf **unsere** Bilder reagieren. Der Philosoph *Friedrich Wilhelm Hegel* hat dies mit einem treffenden Bonmot beschrieben:

Wenn die Vorstellung stark genug ist, hält die Realität nicht stand.

Unsere Gewohnheit, Wahrnehmung und die Interpretation der Wahrnehmung (die entstehenden Bilder), zu verwechseln, beschert uns tagtäglich Konflikte.

So berichtete mir ein Teilnehmer eine ihm unangenehme Erfahrung vom Vortag: „Ich gieße mir gerade einen Kaffee ein, da ruft der Altmann, unser Seniorverkäufer, quer durchs Büro: ‚Ist noch Kaffee da?' – Ich bin so nett und bring ihm seinen Becher voll Kaffee an den Schreibtisch. Und dem fällt doch nichts Besseres ein, als kurz den Kopf zu heben und zu sagen: ‚Oh, das wäre nicht nötig gewesen.' Der hat mich so richtig auflaufen lassen. Mir ist in dem Moment leider nichts Passendes eingefallen."

Weisbach: „Was macht Sie so sicher, dass er einen Kaffee wollte?"

Teilnehmer: „Komische Frage. Warum ruft er denn sonst durchs Büro, ob noch Kaffee da sei."

Weisbach: „Ich weiß es nicht, aber Sie können ihn ja fragen. Wir machen jetzt sowieso Pause, und Sie gehen in Ihre Abteilung und fragen, wie der Satz gestern gemeint war."

Es bedurfte zwar noch einiger Überzeugungsarbeit, bis sich der Teilnehmer auf den Weg machte, aber das Ergebnis erstaunte dann doch alle. Denn nach der Pause kam der Kollege schmunzelnd zurück und berichtete: „Der hat mich gestern nach dem Kaffee gefragt, weil er um 16 Uhr mit einem Kunden verabredet war, dem er einen Kaffee anbieten wollte. Hätte ich auf seine Frage ‚Nein' geantwortet, wäre er aufgestanden, um frischen Kaffee aufzubrühen. Also, da soll einer von allein drauf kommen. Also, nein!"

Dieser Teilnehmer zog für sich einen wichtigen Schluss: „Vielleicht sollte ich, bevor ich mich anfange zu ärgern, erst einmal fragen, wie etwas gemeint ist." Es gilt, immer wieder zu prüfen, ob das, was uns klar und einleuchtend erscheint, für einen anderen ebenso plausibel ist. Wer häufig nachfragt, wird entdecken, dass die gleiche Sichtweise eher die Ausnahme ist, – auch bei Menschen, die sich schon sehr lange und/oder gut kennen.

> **Kommunikation besteht nicht im Austausch von Informationen, sondern in deren übereinstimmender Interpretation.**

Dieses Modell – wonach wir nicht direkt auf den anderen, sondern auf unsere Deutung des Gehörten reagieren – zieht uns einerseits sehr stark in die Verantwortung, es eröffnet uns andererseits höchst nützliche Freiheiten. Der Nutzen zeigt sich beispielsweise, sobald wir uns klar machen, dass unser Gegenüber keinen Einfluss darauf hat, welche **Bedeutung** wir seiner Handlung bzw. Äußerung geben. Wir können das, was ein anderer uns an den Kopf wirft, als heftigen Angriff interpretieren, wir haben aber auch die Freiheit, jede beliebige andere Bedeutung zu unterstellen. Je nach Interpretation fällt dann unsere emotionale Reaktion aus, dabei können die Gefühle von Empörung und Wut über Verunsicherung bis hin zu ausgelassener Heiterkeit führen.

So wird auch verständlich, dass verschiedene Menschen auf ein und dieselbe Aussage völlig unterschiedlich reagieren.

An einem heißen Sommertag äußern die Schüler einer 10. Klasse nach jeder Stunde: „Sie glauben doch nicht im Ernst, dass wir bei dem schönen Wetter Schularbeiten machen."

Die Englischlehrerin bemerkt dazu spitz: „Und ob ich das glaube. Von Schülern der 10. Klasse darf ich wohl etwas mehr Ernst erwarten."

Der Deutschlehrer erklärt verärgert: „Ihr lernt doch nicht für die Schule, sondern für das Leben. Die Hausarbeit dient der Vertiefung und Festigung des durchgenommenen Stoffes, die macht ihr doch nicht für mich."

Der Physiklehrer reagiert eingeschnappt: „Bitte, wie ihr wollt. Es möge sich aber keiner bei mir beschweren, es sei nicht genügend geübt worden."

Die Französischlehrerin lacht und sagt: „Das klingt so, als ob ihr nur bei schlechtem Wetter lernen könnt."

Der Mathematiklehrer schmunzelt: „Und jetzt wollt Ihr probieren, wie weit ich mich auf einen Handel einlasse."

Die Geschichtslehrerin: „Ihr wollt gern, dass ich die Verantwortung für euer Lernen übernehme."

Ob man sich als Lehrkraft in diesem Beispiel angegriffen fühlt oder nicht, hängt von einem selbst ab. Wer in dieser Schüleräußerung bereits die Untergrabung der eigenen Autorität begreift oder sich einer ungehörigen Forderung ausgesetzt sieht, reagiert natürlich anders, als jemand, der den Satz zunächst vorurteilslos hört.

Nebenbei: Wenn Sie sich in die Rolle der Schüler hineindenken, wird sogleich deutlich, wie unterschiedlich Ihre darauffolgende Erwiderung ausfällt. Ganz wesentlich wird Ihre Reaktion davon bestimmt, in welchem Maße Sie sich ernst genommen und akzeptiert fühlen.

Die drei ersten Lehrererwiderungen ziehen nicht nur eine schlechte Stimmung nach sich, sie münden auch in eine typische Reiberei, wie Sie diese wahrscheinlich noch aus Ihrer Schulzeit erinnern. Diese Eigendynamik ergibt sich aus dem Umstand, dass sich diese Lehrkräfte sogleich angegriffen fühlen und meinen, auf der inhaltlichen Ebene eine Erklärung abgeben zu müssen. Prompt rutschen sie in eine Verteidigungsposition und machen sich gerade durch ihre **Rechtfertigung** angreifbar. Wer etwas als Angriff erlebt und darauf argumentierend reagiert, lässt sich vom Gegenüber die Spielregeln aufzwingen, ganz gleich wie schlagfertig die Äußerung ausfällt. Wer sich rechtfertigt, gibt nicht nur zu, dass er es nötig hat, sich zu verteidigen, schlimmer noch, er gesteht dadurch dem anderen unausgesprochen das Recht zu, ihn anzugreifen. Was dieser auch prompt tun wird. Sie können dies an den drei ersten Lehrer-Reaktionen überprüfen. Jede für sich lädt die Schüler zu weiteren Attacken ein. Beispielsweise:

„Das müssen ausgerechnet Sie sagen, die Sie ja noch nicht mal ernst nehmen, dass bei dem Wetter Freibad angesagt ist." Oder:

„Im lateinischen Original steht es aber genau andersherum: Nicht für das Leben, sondern für die Schule lernt man." Oder:

„Wenn Sie uns alles so erklären würden, dass wir es verstehen, bräuchten wir nicht nachmittags zu üben."

Wie es weiter geht, ist absehbar. Wer versucht, einen Angriff sachlich zu parieren, glaubt, dass die besseren Argumente siegen. Weit gefehlt! Angriffe lassen sich nicht durch sachliche Erklärungen neutralisieren. Denn nicht die Sache steht zu Diskussion, sondern der angegriffene Mensch selbst, dem unverhohlen grundlegende Kompetenzen abgesprochen werden.

Im Friseurbeispiel wird dem Kollegen die Fähigkeit, sich angemessen frisieren zu lassen abgesprochen. Die Schüler sprechen den Lehrern die Kompetenz ab, beurteilen zu können, was für den Lernfortschritt wichtig und förderlich ist. Und *Lady Astor* spricht *Churchill* sogar die Daseinsberechtigung ab.

Wer anfängt, seine Kompetenz zu verteidigen, befindet sich auf verlorenem Posten. Und genau in diese argumentative Falle tappen wir, wenn wir ansetzen, uns zu erklären. Dabei sind unsere Erklärungen von der Hoffnung getragen, dadurch Verständnis zu bekommen und den Angriff zu neutralisieren. Manch Leser kennt vielleicht das schale Gefühl, das sich regelmäßig nach derartigen Verteidigungsanstrengungen einstellt.

Die drei anderen Lehrer-Reaktionen bleiben zunächst neutral und bieten den Schülern die Chance, ihr Anliegen umfassender darzulegen oder auch zu relativieren. Erst der weitere Verlauf wird zeigen, ob der Satz als respektlose Frechheit gemeint war, oder lediglich den etwas unbeholfenen Versuch darstellt, locker Kontakt aufzunehmen.

> **Offenes Vorgehen ist um so wichtiger, als Sie bei einer als Angriff erlebten Handlung kaum mitgeteilt bekommen, aus welchen Beweggründen Ihnen der andere entgegentritt.**

Ich trage hier ohne Anspruch auf Vollständigkeit ein paar mögliche Erklärungen für das Verhalten des anderen zusammen. Der andere

- handelt unüberlegt oder gewohnheitsmäßig so,
- spricht laut aus, was er gerade denkt,
- glaubt, dass es sich um Neckerei handelt, die zur Entspannung beiträgt,
- hofft dadurch die Anerkennung anderer zu erhalten,
- fühlt sich uns gegenüber unterlegen,
- möchte uns seine Überlegenheit zeigen,
- glaubt, dass er so am ehesten unseren Respekt erhält,
- hat Sorge, die Kontrolle über die Situation zu verlieren,
- erhofft sich irgendeinen Vorteil von seinem Vorgehen,
- will damit seine Sorge zum Ausdruck bringen,
- weiß nicht, was er da sagt,
- möchte sich an uns rächen,
- will uns schaden,
- vermutet womöglich, dass wir sein Verhalten erwarten,
- hält sein Verhalten für eine angemessene Kritik,

und so weiter.

Dieses gute Dutzend unterschiedlicher **Beweggründe** macht deutlich, wie verschieden unsere Reaktionen ausfallen können, je nachdem wie wir eine Äußerung deuten, also welche Motive wir dem anderen unterstellen.

Nehmen wir an, der Satz des Kollegen in bezug auf Ihre Frisur fällt für Sie unter „Lautes Denken", dann interpretieren sie diese Äußerung, als ob er gesagt hätte:

„Wie siehst du denn aus? Wir haben doch keinen Fasching. Also, ich würde mich nie trauen, so rum zu laufen. Ich glaube, mir fehlt dafür der Mut. Ich hätte einfach die Sorge, auf bissige Bemerkungen nicht schlagfertig

Lizzie Doron
Warum bist du nicht vor dem Krieg gekommen?

suhrkamp

Ein wunderbares, ein anrührendes, ein trauriges, ein komisches Buch – Lizzie Dorons Erinnerungen einer Tochter an ihre Mutter. In eindringlichen und zum Teil aberwitzigen Episoden erzählt Elisabeth vom Leben mit ihrer Mutter in Tel Aviv: Helena ist eine Überlebende der Shoah, eine eigenwillige und kämpferische Frau, entschieden auf ihre Würde bedacht, die sie mit Witz und Einfallsreichtum zu wahren weiß.

»In der Tageszeitung *Ma'ariv* hieß es: ›Es gibt nur sehr wenige Bücher, die von der zweiten Generation geschrieben wurden, den Söhnen und Töchtern der Shoah-Überlebenden. Dieses ist das beste von allen.‹ Dem kann ich mich nur anschließen: Lizzie Dorons liebevolle Erinnerungen, die ihrer Mutter die Würde zurückgeben, sind wirklich etwas ganz Besonderes.«
Angela Wittmann, Brigitte

»Lizzie Doron hat mit großem Feingefühl und Gespür für stille, bittere Komik ein wunderbares Buch geschrieben.« Neue Zürcher Zeitung

Ü: Mirjam Pressler
st 3769. 130 Seiten. € 6,50 (D)

suhrkamp taschenbuch   www.suhrkamp.de

Suhrkamp Verlag 6/06

reagieren zu können. Aber du hast das Problem ja nicht, bei deinem Selbstbewusstsein."

Höchstwahrscheinlich reagieren Sie heiter und entspannt, vielleicht sagen Sie sogar wohlwollend:

„Dafür kannst du andere Sachen."

Unterstellen wir hingegen dem Kollegen als Beweggrund, dass er vermutet, wir würden sein Verhalten geradezu erwarten, könnten wir souverän erwidern:

„Ja, wer den Schaden hat, braucht für den Spott nicht zu sorgen."

Wird uns allerdings bewusst, dass die Bemerkung des Kollegen eine Art Schlagabtausch darstellt für eine tags zuvor geäußerte Anzüglichkeit hinsichtlich seiner Krawatte, können wir ruhig gratulieren:

„Okay, eins zu eins. Womit wir wieder quitt sind."

Die Fülle unserer Reaktionsmöglichkeiten ergibt sich aus der Vielfalt der Beweggründe, die wir beim anderen vermuten. Genau darin liegt aber die Gefahr. Wir sind aufs Vermuten angewiesen, weil uns ja der andere die Gebrauchsanleitung nicht mitliefert, um seine Äußerung richtig interpretieren zu können. In der Regel vertrauen unsere Gesprächspartner darauf, dass wir die korrekte Bedeutung in ihre Äußerung einsetzen, selbst dann, wenn diese nicht präzise ist. Dabei müssen wir fairerweise davon ausgehen, dass es den meisten Menschen nicht bewusst ist, wie unpräzise sie sich ausdrücken. Üblicherweise nehmen sie an, dass wir den Zusammenhang – man spricht auch von Kontext – genauso sehen wie sie selbst. Ja, sie sind sogar überrascht, wenn sich herausstellt, dass etwas ganz anders gesehen wurde, als es gemeint war.

Der **Kontext** umfasst Hintergrundwissen, Erfahrung, Verstehen, Vorstellungskraft, Wünsche, praktische Interessen, die Leute, den Ort, Gesten, Körperhaltung, Betonung, die Zeit, den Zweck, die Äußerung selbst und was danach geschieht.

> **Erst der Zusammenhang verleiht allem Bedeutung; allem, was Sie hören, aber auch allem, was Sie sagen oder schreiben.**

Bei der Flut von Möglichkeiten lassen sich falsche Auslegungen kaum ausschließen. Und obwohl Missverständnisse normal sind, neigen manche Menschen dazu, ihre jeweilige Interpretation für die einzige, logische und auch angemessene zu halten. Ja, sie gehen oftmals so weit zu behaupten, dass ihre Sicht der Dinge die normale ist und jede Abweichung davon mehr oder weniger ausdrückt, wie weltfremd, verbohrt oder gar böswillig der andere ist.

Greifen wir auf ein Klischee-Beispiel täglicher Reiberei zurück:

Sie: „Morgen früh ist Altpapiersammlung." Dabei denkt sie, dass er sich darum kümmern wird, die alten Zeitungen zu bündeln und vors Haus zu stellen.

Er: „Stimmt." Dabei denkt er, wie schnell der Monat schon wieder vergangen ist, und dass sein Papierkorb überquillt.

Natürlich wird das Altpapier nicht entsorgt.

Wenn ich dieses Beispiel im Seminar behandele, geraten Teilnehmer und Teilnehmerinnen regelmäßig aneinander. Für viele Frauen stellt der Satz „Morgen früh ist Altpapiersammlung" eine eindeutig Aufforderung dar. Worauf etliche Männer entgegnen, dass es sich lediglich um eine Feststellung handelt, deren Richtigkeit mit „Stimmt" bestätigt wird. Für mich ist immer wieder erstaunlich, mit welcher Gewissheit jede Seite für sich in Anspruch nimmt, dass der Sachverhalt so und nur so verstanden werden kann. Dabei schaukelt sich das Ganze rasch zum Streit auf, bei dem dann Worte fallen wie: „Typisch Mann!", „Chauvinist", „starrköpfig" und so weiter. Durch Rechthaberei lässt sich aber keine Übereinstimmung herstellen.

> **Sie haben zwei Möglichkeiten um herauszufinden, wie Sie verstanden wurden: Sie fragen, was der andere verstanden hat. Oder Sie warten ab, was passiert.**

Wir können beobachten, dass Menschen, die sich durch die Handlung eines anderen angegriffen fühlen, diesem häufig eine ausschließlich negative Absicht unterstellen. Die Mannigfaltigkeit der

Motive schrumpft auf ein einziges zusammen: Der andere greift sie nur deswegen an, weil er ihnen schaden will, sie beispielsweise ärgern. Diese einseitige Erklärung hat einen Vorteil: Sie erspart Unsicherheit und weiteres Nachdenken und auch Nachfragen, wie die Handlung eigentlich gemeint gewesen sei. Ist erst einmal ein Urteil gefällt – und sei es auch nur ein Vorurteil – erübrigt sich ja jede weitere Prüfung der Situation.

Für die Gewohnheit, dem anderen etwas Negatives zu unterstellen, sobald man sich angegriffen fühlt, wird ein hoher Preis gezahlt: Sofort kommt die ganze Palette negativer Gefühle zum Tragen: Das fängt zunächst einmal bei gekränkt und verletzt sein an. Sobald wir unsere Aufmerksamkeit auf den anderen richten, von dem wir uns verletzt fühlen, kommen weitere Empfindungen ins Spiel: Unvermittelt steigert sich das Ganze zu Aufbrausen und Empörung. Schon machen sich grimmige Gedanken breit, beispielsweise: „Was fällt dem anderen eigenlich ein, mich so zu behandeln." Übergangslos steigert sich der Zorn zu wütender Entrüstung und grollender Verbitterung, wenn nicht gar die Gefühle von Hilflosigkeit, Lähmung und Ohnmacht überhand nehmen. Auch wenn alle diese negativen Empfindungen auf den anderen gerichtet sind, gelten sie doch uns selbst. Wir ärgern uns eigentlich darüber, dass es uns nicht gelingt, vom anderen so behandelt zu werden, wie wir das gern hätten.

Sich über die Handlung eines anderen zu ärgern, setzt voraus, das Geschehen als **absichtlich** zu deuten. Würden wir den Vorfall als Missgeschick interpretieren, könnten wir großzügig darüber hinwegsehen und keines dieser negativen Gefühle käme zum Tragen.

Sie mögen mir entgegenhalten, dass es schließlich Äußerungen gebe, die eindeutig als Angriff gemeint sind und bei denen es müßig ist, nach einer anderen Erklärung zu suchen als der Offensichtlichen. Vielleicht weisen Sie mich auch auf das Beispiel der *Lady Astor* hin, die mit Ihrer Attacke gegen den Kollegen *Churchill* in der Tat nicht zimperlich gewesen ist:

„Wenn ich Ihre Frau wäre, würde ich Gift in Ihren Kaffee geben."

Können wir ausschließen, dass *Lady Astor*
- unüberlegt geredet hat?
- laut ausgesprochen hat, was sie gerade dachte?

- ihr Vorgehen für witzig hielt?
- gehofft hat, dadurch die Anerkennung anderer zu erhalten?
- sich *Churchill* gegenüber unterlegen gefühlt hat?
- nicht wusste, was sie da sagte?
- sich für etwas Vergangenes an *Churchill* rächen wollte?

Wir wissen es nicht. Ich kann mir aber verschiedene Erwiderungen vorstellen. Sie mögen prüfen, wie weit es möglich ist, auf die Äußerung von *Lady Astor* zu reagieren, ohne dass diese ihr Gesicht verlieren muss.

„Sie drücken sich sehr offen und direkt aus."
„Ich scheine Sie mit meinen Ansichten entsetzlich verärgert zu haben."
„Ich bin mir unschlüssig, ob Sie mich gerade angreifen wollten."
„Sie möchten gern meine Reaktion auf diesen Satz kennen lernen."
„Dann sind Sie wahrscheinlich erleichtert, nicht mit mir verheiratet zu sein."

Eingangs hatte ich die Wortbedeutung des **Kontern**s aus dem Sport abgeleitet und ausgeführt, dass es darum geht, den Gegner **im Angriff abzufangen,** nicht gegen die Wand rennen zu lassen. Auffangen, nicht fallen lassen lautet die Devise. Das meint auch, ihn zu bewahren. Im hier behandelten Sinne soll der andere sein Gesicht wahren können. Mit derart gezeigter Wertschätzung beeinflussen Sie nicht nur das Gesprächsklima positiv, Sie flössen anderen auch Respekt ein und werden aufgrund Ihrer positiven Ausstrahlung viel seltener mit Angriffen konfrontiert.

Unsere Freiheit erlaubt uns, etwas vollkommen anders zu interpretieren, als es ursprünglich beabsichtigt war. So wie eine ironische Bemerkung ihren Biss verliert, wenn sie wörtlich genommen wird, lässt sich auch jede andere Äußerung in einen anderen als den möglicherweise beabsichtigten Zusammenhang stellen.

Das missbilligende Lächeln Ihres Gegenübers entgeht Ihnen zwar nicht, während er sagt: „Das haben Sie ja wieder toll hingekriegt." Doch Sie haben sich angewöhnt, statt der Ironie ein Kompliment zu hören, was Sie in die Lage versetzt, lächelnd mit einem „Dankeschön!" zu antworten.

> **Nur Sie entscheiden, wie Sie etwas hören wollen. Ihre Antwort ist stets eine Reaktion auf die Interpretation, die Sie einem Sachverhalt geben.**

In den folgenden Kapiteln will ich Ihnen vier unterschiedliche Reaktionsmöglichkeiten zeigen, die völlig anders ausfallen, als es Ihr Gegenüber wahrscheinlich erwartet. Mit diesen Möglichkeiten können Sie „Härte durch Weichheit überwinden", und jeden verbalen Angriff souverän entschärfen, eben **gekonnt kontern.**

Fairerweise muss ich in diesen hochgesteckten Anspruch einen Wehrmutstropfen geben: Nur ausdauerndes und gewissenhaftes Training führt im Aikido und im Tai Chi zum Können und schließlich zur Meisterschaft. Die Verinnerlichung der hier behandelten Prinzipien benötigt ebenso viel Übung.

2. Dem anderen mitteilen, was er eigentlich will

Es ist eher die Ausnahme, dass jemand genau mitteilt, was er beabsichtigt. Darum geht es in diesem Kapitel um unsere Möglichkeiten, dennoch herauszufinden, worauf eine Äußerung eigentlich abzielt.

Im vorangegangenen Kapitel lautete ein Beispielsatz:

„Morgen früh ist Altpapiersammlung."

So harmlos wie diese Feststellung hören wir täglich Hunderte von Wünschen. Dabei werden viele Aufforderungen mit dem unscheinbaren Wort „es" indirekt ausgedrückt und allgemein gehalten:

„Es zieht." – Wer soll sich jetzt angesprochen fühlen und die Tür schließen?
„Es ist schon sehr spät." – Wer möchte jetzt eigentlich (ins Bett) gehen?
„Es ist kein Kaffee mehr da." – Wer soll wohl Kaffee kochen?

Was genau sollen wir verstehen bzw. tun, wenn es heißt:

„Mensch, ist der Koffer schwer."
„Deine Musik hört man bis auf die Straße."
„Das ist eigentlich kein Parkplatz."
„Das neue Restaurant an der Ecke soll hervorragend sein."
„Ich weiß nicht, wie ich das allein schaffen soll."
„Dein Zimmer könnte auch mal wieder aufgeräumt werden."

Natürlich möchte der Sprecher mit diesen Aussagen etwas erreichen. Aber er scheut sich, direkt zu sagen, was er will. Statt dessen überlässt er die Deutung dem anderen. Dieser hat nun den „schwarzen Peter": Entweder erfasst er, was er verstehen soll und handelt entsprechend oder er ist ein unsensibler grober Klotz.

Wenn eine Bitte klar und deutlich formuliert wird, fällt es leicht, uns damit auseinander zu setzen. Aber merkwürdigerweise werden zahllose Aufforderungen gut verpackt vorgetragen. Das mag aus Selbstschutz resultieren, weil viele Menschen auf diese Weise vermeiden, sich eine Absage einzuhandeln. Es kann sich aber auch um eine besondere Form von Zurückhaltung und Höflichkeit handeln, weil es leichter ist, einen indirekt vorgetragener Wunsch zu übergehen, als auf eine direkt vorgetragene Bitte mit einer Ablehnung zu reagieren. Eine weitere Erklärung erfuhr ich von einem alten Nachbarn: „Worum ich nicht bitte, dafür muss ich auch nicht danken."

Wir können auf indirekte Aufforderungen wunschgemäß reagieren, nach dem Motto: Der andere hat zwar nicht gesagt, was er will, aber es war ja eigentlich klar, was er wollte. Dadurch können wir aufmerksam, entgegenkommend und hilfsbereit erscheinen. Diese Liebenswürdigkeit hat allerdings einen Haken: Wir übernehmen damit die Verantwortung für den anderen, der trotz seiner unklaren Mitteilung erreicht, was er anstrebt.

Wenn wir nicht die Absicht haben, den „schwarzen Peter" in Händen zu halten, dann können wir entweder weiterspielen und versuchen ihn los zu werden, oder wir hören auf zu spielen. Es gibt eine Möglichkeit, das „Spiel" zu beenden und die Verantwortung für einen Wunsch oder eine Bitte bei dem zu lassen, der sich äußert:

> **Sprechen Sie aus, welche Wünsche, Hoffnungen oder Erwartungen Sie heraushören. Warten Sie anschließend ab, wie der andere darauf reagiert.**

Wahrscheinlich wird Ihr Gegenüber erst einmal stutzen, wenn Sie plötzlich, statt mitzuspielen, seinen unklaren Wunsch reflektieren, beispielsweise:

„Mensch, ist der Koffer schwer." – „Du möchtest gern, dass ich ihn trage."
„Deine Musik hört man bis auf die Straße." – „Da klingt so, als ob du willst, dass ich leiser stelle."
„Das ist eigentlich kein Parkplatz." – „Sie wünschen, dass ich mein Auto woanders abstelle."
„Das neue Restaurant an der Ecke soll hervorragend sein." – „Das hört sich so an, als ob du dort mit mir essen gehen willst."
„Ich weiß nicht, wie ich das allein schaffen soll." – „Du scheinst meine Hilfe zu erwarten."

„Dein Zimmer könnte auch mal wieder aufgeräumt werden." – „Du hoffst, dass ich das jetzt mache."

Nun ist es beim anderen, klar und deutlich zu sagen, was sein Ziel ist. Dabei werden Sie eine höchst nützliche Entdeckung machen: Bei Wünschen, deren sich der Bittsteller nicht schämt, drückt dieser nun sein Begehren klar aus, zum Beispiel:

„Deine Musik hört man bis auf die Straße." – „Da klingt so, als ob du willst, dass ich leiser stelle." – „Ja, bitte dreh leiser! Ich möchte vermeiden, dass sich die Nachbarn über uns beschweren."

„Das neue Restaurant an der Ecke soll hervorragend sein." – „Das hört sich so an, als ob du dort mit mir essen gehen willst." – „Stimmt. Wie wäre es mit Freitagabend?"

Aber bei Wünschen, für die es keine geregelte Grundlage gibt, führt diese Art zu klären häufig zu einer Zurücknahme:

„Mensch, ist der Koffer schwer." – „Du möchtest gern, dass ich ihn trage." – „Nein, nein. Lass mal! Ich war nur überrascht, wie schwer der Koffer ist."

„Ich weiß nicht, wie ich das allein schaffen soll." – „Du scheinst meine Hilfe zu erwarten." – „Nein, so war das nicht gemeint. Ich schaffe das schon irgendwie. Hauptsache das Telefon klingelt nicht ständig."

Oder der Wunsch wird zwar zugegeben, seine Erfüllung aber für beliebig erklärt:

„Das ist eigentlich kein Parkplatz." – „Sie wünschen, dass ich mein Auto wegfahre und woanders abstelle." – „Mich geht das ja nichts an. Das müssen Sie selbst wissen. Ich wollte es nur gesagt haben."

„Dein Zimmer könnte auch mal wieder aufgeräumt werden." – „Du hoffst, dass ich das jetzt mache." – „Na ja, es muss ja nicht auf der Stelle sein, aber eventuell denkst du bei Gelegenheit mal dran."

Vielleicht kennen auch Sie Vorgesetzte, die ihre konkreten Erwartungen an die Mitarbeiter gern hinter Aufforderungen verbergen, die betont allgemein gehalten sind.

Es spricht nichts dagegen, dem vermuteten Wunsch nachzukommen. Wir übernehmen allerdings in diesem Moment die Verantwortung. Falls uns dadurch ein Fehler unterläuft, haften wir auch dafür. Das wollte eine Sekretärin nach vielen schmerzlich Erfahrungen vermeiden. Statt den Satz Ihres Vorgesetzten als direkte Arbeitsanweisung zu verstehen, wagte sie, ihre Interpretation zu überprüfen:

„Dieses Angebot muss gleich raus!"
„Ihnen ist es wichtig, dass ich das sofort erledige und das Protokoll von der Vorstandssitzung danach fertig stelle."
„Auf keinen Fall. Das Protokoll benötige ich ja noch heute Vormittag."
Stellen Sie sich vor, der Vorgesetzte fragt nach dem Protokoll und bekommt zu hören, dass der Vormittag für die Fertigstellung des Angebots draufging. Prompt bekommt die Mitarbeiterin zu hören, dass sie doch hätte wissen müssen, wie wichtig das Protokoll sei. Sollte sie sich dann noch mit dem Hinweis verteidigen: „Sie haben aber ‚gleich' gesagt", spitzt sich das Ganze zu: „Sagen Sie mal, wie lange arbeiten Sie schon hier? Da werden Sie doch wissen, was ich meine, wenn ich ‚gleich' sage." Usw.

In diesem Zusammenhang möchte ich Sie auf ein unscheinbares, aber wichtiges Detail hinweisen: Wenn Sie dem anderen mitteilen, was Sie aus seiner Äußerung herausgehört haben, formulieren Sie eine **Aussage,** keine Frage. Folgendes Beispiel soll dies illustrieren:

„Es ist ja wieder typisch, die ganze Vorbereitung bleibt mal wieder an mir hängen."
Fragesatz: Willst du, dass ich dir helfe?"
Aussagesatz: „Du willst, dass ich dir helfe."

Eine Frage wird in der Regel automatisch so formuliert, dass der andere lediglich mit einem kurzen Ja oder einem Nein darauf eingeht und Sie anschließend auffordernd anblickt. Sie geraten dadurch unter selbst erzeugten Zugzwang, weiterreden zu müssen.

Fragesatz: Willst du, dass ich dir helfe?"
„Nein, lass mal."

Dagegen enthält der Aussagesatz unausgesprochen die Aufforderung, Stellung zu beziehen. Dadurch erfahren Sie in der Regel sehr viel mehr Hintergrundinformation.

Aussagesatz: „Du willst, dass ich dir helfe."
„Was heißt wollen? Ich würde es irgendwie nett finden, wenn die Kollegen auch mal mit anpacken. Es wird schon als Selbstverständlichkeit angesehen, dass ich mich um alles kümmere. Kannst du verstehen, dass ich mich ausgenutzt fühle?"

Vielleicht kennen Sie den Satz: „Wer fragt, der führt." Im Gegensatz dazu erfahren Sie hier: Wer das, was ein anderer gesagt hat, als Aussage umschreibend wiedergibt, erfährt sehr viel mehr, ohne direkt danach fragen zu müssen.

> **Wenn Sie mitschwingende Aufforderungen direkt ansprechen, tragen Sie zur Klarheit der Kommunikation und zur Klärung der Ziele bei.**
> **Ihre Entscheidung, auf den Wunsch einzugehen oder diesen abzulehnen, bleibt davon unbeeinflusst.**

Ein Gespräch über Aussagen statt über Fragen zu führen, ist übrigens keine Erfindung von mir. In Süddeutschland können Sie beobachten, wie die Gesprächseröffnung typischerweise mit der Beschreibung dessen beginnt, was der andere offensichtlich gerade macht.

„So, Sie sind auch unterwegs."
„Du bist auch gerade einkaufen."
„So, das Auto wird gewaschen."
Im Dialekt klingt das weniger steif, beispielsweise: „So, bisch au do."

Derartige Gesprächseröffnungen ermöglichen dem so Angesprochenen je nach Laune, sich auf ein Gespräch über Gott und die Welt einzulassen oder es aber mit einem kurzen Kopfnicken bewenden zu lassen.

Ich möchte noch einen weiteren Gesichtspunkt behandeln: Manchmal ist es leichter, die **Verneinung** des Wunsches zu formulieren, so dass dem Gegenüber noch deutlicher wird, was er da eigentlich vermeiden will. Derartige entgegengesetzte Bedeutungen werden als **antonym** bezeichnet.

„Mensch, ist der Koffer schwer." – „Du willst ihn nicht (allein) tragen."
„Das ist eigentlich kein Parkplatz." – „Sie möchten verhindern, dass ich mein Auto hier stehen lasse."

Dieses Vorgehen kommt besonders den Menschen entgegen, die leichter formulieren können, was sie **nicht** wollen.

Nicht nur Bitten, Wünsche und Erwartungen werden indirekt vorgetragen, auch Ermahnungen, Ratschläge und Belehrungen, ja selbst Vorwürfe und Drohungen werden häufiger hintenherum als offen mitgeteilt. Jede dieser Äußerungen enthält eine Aufforderung. Es bedarf schon einiger Übung, das verdeckte Anliegen zu benennen, statt sogleich dem unausgesprochenen Appell handelnd nachzukommen.

Dies ist besonders nützlich, wenn unser Gegenüber unterschwellig versucht, uns moralisch unter Druck zu setzen, beispielsweise:

„Bei der Taufe unserer Jüngsten werden bestimmt 30 Gäste kommen. Du kannst dir nicht vorstellen, was das wieder für mich heißt. Ich bin ja völlig allein damit und weiß schon gar nicht mehr, wo mir der Kopf steht."

Statt des erhofften „Du kannst voll und ganz auf mich zählen" kann die unausgesprochene Erwartung hinterfragt werden, etwa:

„Du rechnest mit meiner Hilfe." Oder:

„Das hört sich an, als ob du auf meine Unterstützung angewiesen bist."

Benennen Sie bei den folgenden Übungssätzen die mitschwingende Aufforderung in Form eines Aussagesatzes.

Verdeckte Aussage	Ihre Reaktion
(1) Vorgesetzter: „Gerade hat sich Ihre Kollegin Braun krank gemeldet."	
(2) Mann zu seiner Frau: „Es ist kein Bier mehr da."	
(3) Beifahrer: „Du fährst sehr schnell."	
(4) Kollege: „Der blöde Kopierer funktioniert wieder nicht."	
(5) Frau zu ihrem Mann: „Der Mülleimer ist voll."	

Meine Antwortvorschläge:

(1) Vorgesetzter: „Gerade hat sich Ihre Kollegin Braun krank gemeldet."

Handelt es sich hier um eine harmlose Mitteilung über den aktuellen Krankenstand, oder bedeutet der Satz eigentlich, man möge die Arbeit der erkrankten Kollegin mit erledigen? Aus irgend einem Grund wird das nicht direkt formuliert. Es steht uns aber frei, dies anzusprechen:

„Sie möchten gern, dass ich Frau Brauns Aufgaben mit übernehme."

Oder etwas forscher: „Sie beabsichtigen, mir auch noch Frau Brauns Aufgaben zu übergeben."

Oder in der antonymen Umschreibung: „Sie möchten verhindern, dass Frau Brauns Aufgaben liegen bleiben und erwarten, dass ich mich nun darum kümmere."

Als ich diese Erwiderung in einem Führungsseminar besprach, runzelte ein Teilnehmer die Stirn und meinte:

„Bringen Sie das bloß nicht meinen Mitarbeitern bei. Was soll ich denn da noch erwidern. Wenn ich „nein" sage, habe ich ein Problem, weil dann die Arbeit liegen bleibt, wenn ich aber „ja" sage, habe ich auch ein Problem, weil mir dann die Mitarbeiterin aufs Dach steigt. Sie soll es schließlich freiwillig tun, ohne dass ich sie dafür offiziell beauftrage."

Dieser Vorgesetzte gab im weiteren Gespräch zu, dass es ihm lieber wäre, wenn die Mitarbeiterin über die hohe Arbeitsbelastung klagen oder sich anderweitig verteidigen würde. Denn darauf würde er immer etwas erwidern können, um argumentativ als Sieger hervorzugehen. Er wurde allerdings nachdenklich, als ihm bewusst wurde, dass sein Sieg automatisch Verlierer produziert.

(2) „Es ist kein Bier mehr da."

Hinter dieser Feststellung steckt ja wohl der eindeutige Wunsch, dass sich der andere um das fehlende Bier kümmern möge. Wo jedoch die Rollen klar verteilt sind, bedarf es nicht dieser versteckten Aufforderung. Kein Gast würde einer Bedienung gegenüber feststellen: „Mein Glas ist leer." Auch zu Hause fällt es den meisten Erwachsenen leicht, ein Kind direkt zu beauftragen: „Holst du mir bitte ein Bier aus dem Keller." Diese unscheinbar anmutende Feststellung, dass kein Bier mehr da sei, vollzieht sich zwischen zwei

Gleichberechtigten. Auch wenn sich das ziemlich merkwürdig liest, ausführlich formuliert würde der Gedanke beispielsweise so lauten:

„Ich stelle fest, dass kein Bier mehr da ist. Ich möchte aber jetzt gerne ein Bier trinken, habe aber keine Lust, in den Keller zu laufen. Ich hätte es gern, dass du dich darum kümmerst, wie es mir überhaupt recht wäre, wenn du dafür sorgst, dass sich stets genügend Bier im Kühlschrank befindet. Ich habe den ganzen Tag gearbeitet und möchte mich ausruhen. Aber direkt bitten möchte ich dich nicht, weil ich befürchte, dass du mir dann erzählst, was du heute alles erledigen musstest…"

Natürlich reden wir nicht so miteinander. Wenn wir aber erst einmal festgestellt haben, was alles hinter dieser banalen Feststellung stehen kann, bekommen unsere Antwortmöglichkeiten einen ganz neuen Rahmen.

„Du erwartest, dass ich jetzt für dich in den Keller gehe."
Die antonyme Umschreibung klingt ähnlich: „Du möchtest dir dein Bier nicht selbst holen." Bzw. „… auf keinen Fall selber gehen."
Oder etwas deutlicher: „Du willst gern (von mir) versorgt werden."

(3) „Du fährst sehr schnell."

Wer als Beifahrer diesen Satz äußert, will nicht nur einfach etwas feststellen. Hinter dem Satz können wir den Wunsch vermuten, doch bitte etwas langsamer zu fahren. Wollen wir sicher gehen, ob unsere Interpretation stimmt, bietet es sich an, den anderen hören zu lassen, wie sein Satz bei uns ankam:

„Du möchtest gern, dass ich langsamer fahre."
Oder: „Dir ist daran gelegen, dass ich mein Tempo drossele."
Oder antonym: „Du willst auf keinen Fall, dass ich weiterhin schnell fahre."

Nun ist es am Beifahrer, seinen Wunsch oder seine Bedenken zu präzisieren. Vielleicht erwidert er aber auch:

„Nein, darum ging es mir gar nicht. Ich war nur erstaunt, weil du sonst immer Energiesparen predigst."

Hätten wir einfach unser Tempo gedrosselt, ohne uns rückzuversichern, wäre uns entgangen, welche Rückschlüsse der Beifahrer aus unserem schnellen Fahren zieht.

(4) „Der blöde Kopierer funktioniert wieder nicht."

Wenn der Kollege bei dieser Äußerung Blickkontakt zu Ihnen aufnimmt, dann stellt das nicht den Beginn eines Selbstgesprächs dar, sondern er möchte erreichen, dass Sie ihm zu Hilfe eilen, ja vielleicht sogar für ihn kopieren. Wenn es sich hier um Ihren Vorgesetzten handelt, würden Sie wahrscheinlich der unausgesprochenen Bitte automatisch nachkommen. Aber unter Kollegen gibt es üblicherweise keine Absprache, wer für den störungsfreien Betrieb des Kopierers zuständig ist. Darum würde eine klare Aufforderung befremdend wirken, beispielsweise:

„Der Kopierer funktioniert nicht. Bitte hilf mir mal und finde heraus, woran das liegt!"

Weil es für diese Bitte keine Regelung gibt, ist der indirekte Appell geradezu typisch für die Hoffnung auf Hilfe. Auch wenn Sie Ihre Unterstützung für eine kollegiale Selbstverständlichkeit halten, können Sie zuvor prüfen, ob Sie mit Ihrer Interpretation überhaupt richtig liegen:

„Du möchtest, dass ich mal nachschaue."
Oder etwas forscher: „Das klingt so, als ob du meine Hilfe brauchst."
Oder in der antonymen Umschreibung: „Du willst dich nicht selbst darum kümmern."

Wenn der Kollege seine Erwartung bejaht, dann können Sie auf einer klaren Grundlage helfen, die auch keinen Zweifel aufkommen lässt, ob ihre Hilfe überhaupt erwartet wurde. Es ist aber durchaus denkbar, dass der Kollege einen „Rückzieher" macht und sich selbst hilft.

(5) „Der Mülleimer ist voll."
Ähnlich wie beim Satz vom fehlenden Bier steht hinter dieser Feststellung der Wunsch, der so Angesprochene möge sich sogleich um die Leerung des Mülleimers kümmern. Aber es steckt noch mehr dahinter: Aus irgend einem Grund will die Frau den Mülleimer nicht leeren, sonst hätte sie es getan, ohne ein Wort darüber zu verlieren. Vermutlich ist sie der Ansicht, dass die Mülleimerentleerung zu seinen Aufgaben gehört, wenn es nicht sogar darüber eine Absprache gibt. Vielleicht erscheint es Ihnen an den Haaren herbeigezogen, wenn ich den Satz etwas ausführlicher formuliere:

„Der Mülleimer müsste entleert werden. Du hast doch gerade gesehen, dass er voll ist. Wieso kümmerst du dich dann nicht darum, sondern wartest ab, bis ich dich wieder erinnere. Ich erwarte von dir etwas mehr Bereitschaft, dich aus eigenem Antrieb an den Aufgaben zu beteiligen, die nun mal in unserem gemeinsamen Haushalt anfallen."

Wir wissen nicht, ob diese gereizte Stimmung tatsächlich hinter dem Satz steht. Aber anstatt den Mülleimer schweigend zu entleeren, können wir prüfen, wie der Satz wirklich gemeint war:

„Ich soll ihn jetzt entleeren."

Oder direkter: „Dir ist es wichtig, dass ich mich unaufgefordert darum kümmere."

Oder antonym konfrontierend: „Du willst ihn auf keinen Fall selbst leeren."

Ich möchte noch einmal betonen, dass diese Art der Klärung ihren Preis hat. Wer den Mülleimer sogleich schweigend entleert, kann die Angelegenheit als erledigt abhaken. Wer die dahinter steckende Aufforderung klären will, riskiert eine längere Diskussion bei der noch manche andere Unstimmigkeit zur Sprache kommen kann. Es ist verständlich, solchen Konfliktgesprächen aus dem Weg zu gehen; allerdings werden dadurch die Unstimmigkeiten nicht bereinigt. Im Gegenteil, denn schwelender Unmut birgt eine große Gefahr: Zu irgendeinem unerwarteten Zeitpunkt läuft das Fass sprichwörtlich über. Der sogenannte „letzte Tropfen" steht dann in keinem Verhältnis zur heftigen Reaktion. Dieser Ausbruch erhält seine Energie aus den vielen hinuntergeschluckten Differenzen.

Auseinandersetzungen stellen keinen Selbstzweck dar. Stets halten beide Seiten ihre jeweilige Haltung für zutreffend und machen sich deswegen auch stark dafür, diese dem anderen zu vermitteln. Mit anderen Worten: Bei gegensätzlichen Standpunkten geht die Aufwertung der eigenen Meinung mit der Abwertung des gegnerischen Standpunktes meist Hand in Hand. Das liegt schon daran, dass wir in der Regel von der Richtigkeit unserer eigenen Ansicht überzeugt sind, andernfalls hätten wir ja diese Meinung nicht. Es kann Ihnen helfen, sich bei Auseinandersetzungen vor Augen zu halten, dass Ihr Gegenüber sein Vorgehen für ebenso angemessen hält, unabhängig davon, ob es von Ihnen als verletzend erlebt wird.

Wie bereits ausgeführt werden nicht nur Wünsche und Erwartungen verdeckt mitgeteilt. Auch Ratschläge und Ermahnungen sowie Vorwürfe und Drohungen kommen in unscheinbar wirkenden Formulierungen daher. Die verdeckte Aufforderung geht allerdings in eine etwas andere Richtung. Wir sollen nicht nur handeln, sondern uns darüber hinaus auch noch entschuldigen, rechtfertigen, ein schlechtes Gewissen bekommen oder unter Druck gesetzt fühlen. Auch hier müssen wir uns klar machen, dass das Gegenüber sein Vorgehen – und sei es noch so aggressiv – für zielführend hält. Selbst grobe Gemeinheiten und giftigste Ironie sind für den, der sie äußert, ein legitimes Mittel. Man muss wohl davon ausgehen, dass der Angreifer nur diesen Weg kennt, um sein Ziel zu verfolgen. Würde er einen anderen Weg kennen, um mit weniger „Verlusten" und weniger Aufwand ans Ziel zu gelangen, er würde nicht zögern und diesen wählen.

Wenn es uns stattdessen gelingt, auch hier mitzuteilen, welche Aufforderung wir gerade herausgehört haben, trägt dies unweigerlich zu unserer persönlichen Entspannung bei. Statt etwas als Angriff zu nehmen und entsprechend betroffen zu reagieren, prüfen wir zunächst, ob wir überhaupt richtig interpretiert haben. Indem wir aussprechen, **wie** eine Äußerung bei uns ankam, verlagern wir die mögliche Bedrohung. Da wir verstehen wollen, konzentrieren wir uns auf den anderen und nehmen uns gewissermaßen aus der Schusslinie. Das entspannt. Wer jetzt über eine angemessene Erwiderung nachdenkt, bringt sich selbst unter Zugzwang. Prompt entsteht Stress mit der bekannten Begleiterscheinung einer Denkblockade. Dadurch fällt einem partout nichts Geistreiches ein, was den Stress weiter erhöht. Kommen neun noch Selbstvorwürfe hinzu, ist die Situation rettungslos verfahren.

Während sich nun unser Gegenüber aufgefordert fühlt, seine Äußerung zu präzisieren, wird er gleichzeitig unsere innere Ruhe und Gelassenheit bemerken. Noch kann er unter Wahrung seines Gesichts dem Ganzen eine freundliche Wendung geben.

Am besten probieren Sie bei den folgenden Angriffen aus, den eigentlichen Wunsch auszusprechen.

Verdeckte Aussage	Ihre Reaktion
(1) „Du sitzt ja nur noch vor deinem Computer."	
(2) „Wenn Sie diesen Job nicht rechtzeitig erledigen, hat das Konsequenzen."	
(3) „Es würde dir nicht schaden, mehr für die Schule zu tun."	
(4) „Warum haben Sie das nicht besorgt?"	
(5) „Haben Sie eigentlich nichts bemerkt?"	

Meine Antwortvorschläge:

(1) „Du sitzt ja nur noch vor deinem Computer."

Natürlich macht der Ton die Musik. Aber wahrscheinlich bekommt Ihre Stimme beim lauten Lesen dieses Satzes automatisch einen kritischen, anklagenden Unterton. So können wir ahnen, dass dieser Satz nicht nur zum Ausdruck bringen soll, dass die vor dem Computer verbrachte Zeit zu lang ist, sondern dass sich auch aus irgend welchen Gründen Ärger angesammelt hat. Da der Satz allgemein gehalten wurde, nehme ich an, dass es bislang keine Vereinbarung oder Absprache über „Computerzeit" gegeben hat. Auch hier biete ich Ihnen eine ausführliche Variante an, die vielleicht der Äußerung gedanklich voranging:

„Du sitzt schon wieder seit Stunden vor dem Computer. Das geht schon seit Tagen so. Ich bekomme dich kaum noch richtig zu Gesicht und von dem, was wir uns für das Wochenende vorgenommen hatten, ist noch nichts erledigt."

Es fällt nicht schwer, sich vorzustellen, wie das Wochenende verläuft, wenn nun der Computer beleidigt abgeschaltet wird. Ebenso lässt sich ausmalen, wie es im Falle einer wortreichen Erklärung weitergeht, nach dem Muster:

„Ich mache das hier doch nicht zum Vergnügen. Wenn ich die Sachen nicht bis kommende Woche fertig habe, bekomme ich ziemlichen Ärger. Außerdem sitze ich noch nicht einmal zwei Stunden hier." Usw.

Weil eine Verteidigung zur nächsten Anklage einlädt, (Sie kennen das Sprichwort: „Wer sich verteidigt, klagt sich an."), rutscht das Gespräch unvermittelt in ein gefährliches Fahrwasser. Statt dessen bietet es sich an, die verdeckte Botschaft anzusprechen, beispielsweise:

„Du möchtest, dass ich die Kiste endlich abschalte."
Oder: „Du willst mich erinnern, dass ich noch ein paar andere Aufgaben habe."
Oder in der Negation: „Du willst verhindern, dass ich den Rest des Wochenendes am Rechner zubringe."

Erst wenn die Erwartungen offen ausgesprochen sind, kann ohne Gesichtsverlust eine Absprache getroffen werden.

(2) „Wenn Sie diesen Job nicht rechtzeitig erledigen, hat das Konsequenzen."

Wer droht, setzt an bekannten Schwachpunkten des Gegenübers an. Durch das Aufzeigen möglicher Folgen soll hier jemand zur Einsicht gebracht werden. Gleichzeitig bleibt die Drohung aber allgemein, weil nicht erklärt wird, welche Konsequenzen eintreten werden. Natürlich können wir uns durch eine derart plumpe Drohung angegriffen fühlen. Es erscheint mir jedoch für den weiteren Fortgang vielversprechender, wenn wir erfahren, was an diesem Job so wichtig ist und wofür er eigentlich steht. Auch bei Drohungen lohnt es, den vermuteten Wunsch laut auszusprechen

„Sie wollen erreichen, dass ich mich ausschließlich auf diesen Job konzentriere."
Oder antonym: Sie wollen auf jeden Fall verhindern, dass dieser Job unpünktlich fertig wird.

Fühlt sich der andere durch diese Äußerungen ernst genommen, können Sie davon ausgehen, dass er nicht nur „ja" sagt, sondern unaufgefordert erklärt, was diesen Job so bedeutsam macht.

(3) „Es würde dir nicht schaden, mehr für die Schule zu tun."

Auch Ratschläge kommen oftmals im unverbindlichen Gewand einer Feststellung daher. Wer möchte diesem Allgemeinplatz nicht zustimmen? Aber gerade in seiner Allgemeinheit steckt ein versteckter Angriff. Denn im Klartext soll doch der Satz eigentlich besagen:

„Das, was du für die Schule tust, ist eindeutig zu wenig. Leider bist du nicht in der Lage, selbst zu entdecken, was für deinen Lernerfolg förderlich ist. Darum fühle ich mich genötigt es dir (von Zeit zu Zeit) zu sagen. Klemm dich also mehr hinter deine Aufgaben!"

Anstatt gewohnheitsmäßig aufzubrausen, nach dem Motto: „Ich tue genug für die Schule!" hilft auch hier ein klärendes Aufdecken:

„Du willst erreichen, dass ich mich mehr anstrenge."
Oder antonym: „Du möchtest mich vor schlechten Noten bewahren."

Nun kann das eigentliche Anliegen erörtert werden. Dabei zeigt sich, was eigentlich hinter diesem Satz steckt, beispielsweise die Befürchtung, das Kind könne sitzen bleiben verbunden mit der Sorge, was dann Nachbarn und Verwandte dazu sagen. Vielleicht erwächst dieser Angriff auch aus dem Ehrgeiz, dass das Kind Karriere machen soll oder es besser haben möge, als man selbst. Es ist auch denkbar, dass diesem vorwurfsvollen Ratschlag die schmerzliche Erinnerung an die eigenen Lernerfahrungen zugrunde liegt.

(4) „Warum haben Sie das nicht besorgt?"

Diese unscheinbar wirkende Frage versetzt den anderen umgehend in eine schlechte Verfassung. Um auf das bedrängende „Warum nicht" zu antworten, konzentriert sich die Aufmerksamkeit auf das Negative, auf das, was nicht ist. Wer anfängt zu erklären, fällt prompt herein. Denn der Warum-Frager wird kaum erwidern:

„Ach so ist das, danke für die Erklärung, jetzt kann ich das verstehen."

Trotz der Frage nach dem Grund, geht es gar nicht um eine Begründung. Das können Sie sehr einfach überprüfen:

„Sie möchten gern dafür eine Erklärung haben."
Oder: „Sie erwarten von mir eine Erläuterung."

Wenn Sie es fertig bringen zu schweigen, statt die Rechtfertigung sogleich nachzuschieben, werden Sie erstaunt feststellen, dass der andere gar nicht nach den Ursachen forscht, sondern anhebt, sich zu erklären und Ihnen seine Sicht darzulegen. Im schlimmsten Fall schält sich als eigentlicher Wunsch heraus, Ihnen Vorwürfe zu machen.

Vielleicht denken Sie, dass Sie nun vom Regen in die Traufe gekommen sind. Denn jetzt sehen Sie sich weiteren Angriffen ausgesetzt. Das stimmt. Doch Ihre Ruhe, mit der Sie den mitschwingenden Wunsch wertschätzend aussprechen, bleibt nicht ohne Wirkung auf Ihr Gegenüber. Solange es dem anderen wichtig ist, von Ihnen ernst genommen zu werden, wird er Ihr Angebot, sich respektvoll mit seinen Wünschen auseinander zu setzen, aufgreifen.

Auch wenn jemand etwas tut, was Ihnen nicht gefällt, können Sie ihm vermitteln, dass Sie trotzdem **Respekt** vor ihm haben. Wenn Sie auf die Wünsche eines anderen eingehen und sich erklären lassen, wie sich der andere den Weg zum Ziel vorstellt, zeigen Sie Interesse. Eine Seminarteilnehmerin formulierte dazu den Slogan:

> **Gegen unsere Wertschätzung ist kein Kraut gewachsen.**

(5) „Haben Sie eigentlich nichts bemerkt?"
Hier werden die Vorwürfe im Fragestil fortgesetzt. Natürlich geht es nicht um die Beantwortung einer Frage, sondern darum, dem anderen die eigene Überlegenheit zu verdeutlichen und ihm zu zeigen, was er für ein kleines Licht ist. Dabei prägt der geringschätzige Tonfall das Gefühl, angegriffen zu werden. Es bietet sich an, die Frage als Wunsch nach einer Antwort aufzufassen. Doch statt zu antworten, prüfen wir erst einmal:

„Sie möchten erfahren, wieso mir nichts aufgefallen ist."
„Sie wollen gern erklärt bekommen, wie ich das übersehen konnte."

Indem Sie Wertschätzung zeigen, nehmen Sie dem Angreifer den Wind aus den Segeln. Falls er es nicht auf einen Konflikt abgesehen hat, kann er ohne Gesichtsverlust einlenken.

Sie können mir zu Recht entgegenhalten, dass diese Vorgehensweise nur dann zum Erfolg führt, wenn der andere ein Interesse daran hat, von uns ernst genommen zu werden. Wie gehen wir aber mit Angriffen und Beleidigungen um, die destruktiv sind und bei denen überhaupt nicht erkennbar ist, dass der andere jemals mit uns eine respektvolle Übereinkunft erzielen möchte?

Auch wenn wir in gemeinster Weise angegriffen werden, können wir der Situation einen anderen Rahmen geben. Im vorangegangenen Kapitel hatte ich vorgeschlagen, *Lady Astor* ernst zu nehmen und trotz ihrer heftigen Attacke höflich folgenden mitschwingenden Wunsch zu unterstellen:

„Wenn ich Ihre Frau wäre, würde ich Gift in Ihren Kaffee geben."
„Sie möchten gern meine Reaktion auf diesen Satz kennen lernen."

Eine meiner Teilnehmerinnen war von diesem Satz so begeistert, dass sie ihn sogleich in ihr Repertoire aufnahm, um auf zotige Anzüglichkeiten zu reagieren. Sie berichtete mir stolz, dass sich mit dieser Formulierung auch die übelste Anmache urplötzlich in Heiterkeit auflöst. Dabei ergänzte sie, dass sie fast täglich in Situationen gerate, wo sie auf den Satz zurückgreife: **„Und jetzt möchtest du wissen, wie ich reagiere."**

Zusammenfassung

Nur zu oft fehlen einem dahingeworfenen Satz die entscheidenden Hintergrundinformationen, mit denen wir erfassen können, wie dieser Satz eigentlich gemeint ist, in welchem Zusammenhang er steht und worauf er abzielt. Wer sofort reagiert, ähnelt dem, der losrennt, ohne zu wissen, wo überhaupt das Ziel ist.

Beim Benennen der verdeckten Aufforderung konzentrieren Sie sich auf die Frage, was der andere mit seiner Äußerung erreichen will. Sie schauen dabei gewissermaßen mit den Augen des anderen in dessen Zukunft und fragen sich:

- Woran ist ihm gelegen?
- Was benötigt er?
- Welchen Nutzen verspricht er sich davon?
- Welchem Zweck dient seine Handlung?
- Welche Absicht steht dahinter?
- Welche Idee treibt ihn?

> **Wenn Sie aussprechen, welche Aufforderung Sie aus einer Aussage heraushören, erhalten Sie und Ihr Gegenüber zunächst einmal die Chance zu prüfen, ob der Satz wirklich so gemeint war.**
> **Erst danach entscheiden Sie, wie Sie auf die nun offene Aufforderung tatsächlich reagieren wollen.**

Um mit einer gewissen Abwechslung verdeckte Wünsche benennen zu können, habe ich Ihnen eine Reihe von Satzanfängen aufgelistet:

- „Sie möchten gern, dass ich..."
- „Sie wünschen sich, dass ich..."
- „Sie erwarten, dass ich..."
- „Sie erhoffen sich, dass ich..."
- „Sie bauen darauf, dass ich..."
- „Sie streben danach, dass ich..."
- „Sie beabsichtigen, dass..."
- „Du willst, dass ich..."
- „Du rechnest damit, dass ich..."
- „Du zählst darauf, dass ich..."

- „Du vertraust darauf, dass ich..."
- „Du setzt darauf, dass ich..."
- „Du verlässt dich darauf, dass..."
- „Du versprichst dir davon, dass..."
- „Du willst erreichen, dass ich...
- „Es geht dir/Ihnen darum, dass..."

Manchmal lässt sich eine verdeckte Aufforderung über die negative Formulierung leichter erfassen. Darum folgen hier ebenso typische Satzanfänge:

- „Sie möchten verhindern, dass..."
- „Sie wollen vermeiden, dass..."
- „Sie möchten dem entgegentreten, dass..."
- „Sie möchten unterbinden, dass...
- „Du willst abwenden, dass..."
- „Du möchtest nicht, dass..."
- „Du willst nicht, dass..."
- „Auf keinen Fall darf..."

Statt einem vermuteten Wunsch oder einer mutmaßlichen Bitte sogleich nachzukommen, können Sie unter Umständen viel Zeit und Energie sparen, wenn Sie zunächst prüfen, ob Sie die scheinbare Aufforderung überhaupt richtig gedeutet haben.

3. Erfassen, wie dem anderen zumute ist

Wenn Sie jemandem einen Witz erzählen, dann wollen Sie damit unausgesprochen etwas erreichen: Der andere möge darüber lachen. Gleichzeitig teilen Sie dem anderen aber auch etwas über sich mit, dass Sie nämlich diesen Witz komisch finden und für mitteilenswert halten.

Im vorangegangenen Kapitel haben wir uns bemüht, etwas mit den Augen des Gesprächspartners zu sehen, um zu erfassen, was der andere eigentlich erstrebt. Jetzt lenken wir unsere Aufmerksamkeit auf die Befindlichkeit des anderen und fragen uns, was dieser über sich selbst mitteilt, wie ihm wohl zumute ist.

Viele Menschen sind daran gewöhnt, sich bei negativen Äußerungen sogleich herabgesetzt zu fühlen; entsprechend getroffen reagieren sie auf folgenden Satz:

„Ihr Vorschlag ist bei der derzeitigen Finanzlage völlig unrealistisch."
„Haben Sie was Besseres?" Diese **Herausforderung** provoziert allenfalls einen Bewertungsstreit.
Oder: „Im Gegenteil, wenn Sie sich mal die Mühe machen würden, nachzurechnen, würden Sie sofort erkennen ..." Diese dreiste **Unterstellung** führt geradewegs zum Hahnenkampf.
Oder: „Und ob der Vorschlag realistisch ist, erstens ..." Dieser offene Widerspruch reizt zum **Machtkampf.**
Manch einer zieht sich auch beleidigt zurück und schweigt demonstrativ, während er sich gleichzeitig ausmalt, es dem anderen irgendwann zurückzugeben.

Wie die Auseinandersetzung weiter verläuft, lässt sich unschwer fortspinnen. Am Ende wird es einen Sieger und einen Verlierer geben.

Wer sich jedoch mit dem anderen befasst, geht auf das ein, was der Gesprächspartner über sich geäußert hat:

„Ihnen gefällt mein Vorschlag überhaupt nicht."
Oder: „Das erscheint Ihnen ziemlich abwegig."
Oder: „Angesichts unserer dünnen Finanzdecke kommen Ihnen Bedenken."

Mit großer Wahrscheinlichkeit wird der andere das Bedürfnis verspüren, seinem ersten Satz noch eine Erklärung anzuhängen. Und genau darin liegt die Chance dieses Vorgehens: Eine persönliche Stellungnahme erfolgt erst nach Klärung der fremden Äußerung. Dabei kann es durchaus vorkommen, dass wir im Laufe der Klärung feststellen, dass es ratsam ist, einem Streit aus dem Wege zu gehen, auf den es unser Gegenüber gezielt anlegt.

Eine Ratsuchende berichtete mir vom Besuch ihrer Mutter, bei dem diese – kaum hatte sie die Wohnung betreten – äußerte:
„Deine Gardinen passen ja überhaupt nicht zum Polster deiner Möbel."
Sie berichtete mir, dass ihr fast der schnippische Satz herausgerutscht wäre:
„Mir gefällt es so!" Doch der Streit wäre absehbar gewesen, etwa: „Na ja, ich will mich ja nicht über Geschmack streiten, aber vielleicht solltest du in solchen Dingen jemanden fragen, der etwas davon versteht."
Statt dessen konzentrierte sich die Tochter auf das, was die Mutter über sich preisgab: „Das stört dich."
Und prompt erging sich ihre Mutter in langatmigen Erklärungen über ihre Mühen beim Einrichten der eigenen Wohnung.
Nach diesem Muster gelang es der Tochter im Laufe des Besuchs jede kritische Äußerung der Mutter auf der Ebene der Selbstmitteilung zu belassen. Gewohnt stets sachlich zu kontern, stellte sie völlig überrascht fest, dass sie nach langer Zeit eine Begegnung mit ihrer Mutter hatte, die nicht in Zank und bösen Worten endete.

Wenn Sie – vor aller persönlichen Stellungnahme und Reaktion – zunächst prüfen, was der andere mit seinem Satz über sich selbst aussagt, ersparen Sie sich heftige Gefühlswallungen, die ja oft in einem plötzlichen Streit enden.

Sie erinnern sich an den „Giftangriff" von *Lady Astor*. Wie wäre es weitergegangen, wenn *Churchill* meinen Vorschlag aufgegriffen und erwidert hätte:

„Ich scheine Sie mit meinen Ansichten entsetzlich verärgert zu haben."

Wenn nicht nur unsere Worte, sondern auch der Tonfall widerspiegeln, dass wir ernsthaft bemüht sind, uns in den anderen einzufühlen, dann ist die Wahrscheinlichkeit sehr groß, dass der Angreifer prompt erklärt, was ihn gerade so in Rage brachte. Vielleicht hätte *Lady Astor* ihren Groll verdeutlicht:

„Das kann man wohl sagen! Mir wurde ja schon viel zugemutet hinsichtlich der weiblichen Logik. Was Sie jedoch über den so genannten weiblichen Schwachsinn von sich geben, übertrifft einfach alles."

Mit einem Mal erscheint die so giftige Attacke in einem ganz anderen Licht. Nun kann die Entscheidung getroffen werden, die Auseinandersetzung aggressiv oder friedlich fortzusetzen.

Wenn wir in der Lage sind, Angriffe souverän zu entschärfen, heißt das nicht zwangsläufig, nur noch mit einem „Heiligenschein" durch die Gegend zu laufen. Es gibt Situationen, da wollen wir gar nicht mit Respekt und Wertschätzung kontern, sondern gezielt zurückschlagen. Dabei befriedigt uns das Gefühl der Überlegenheit ungemein. Wir müssen allerdings bereit sein, den Preis dafür zu bezahlen. Wenn absehbar ist, dass wir diesem Menschen nie wieder im Leben begegnen werden, mag das Risiko überschaubar sein; üblicherweise werden wir von Menschen angegriffen, mit denen wir zusammen arbeiten oder zusammen leben.

Der Dreh- und Angelpunkt beim Eingehen auf die Befindlichkeit des Gegenübers ist das Ausmaß der Wertschätzung, das wir an den Tag legen. Wer diese Vorgehensweise benutzt, um dem anderen seine Überlegenheit zu zeigen, kann auch gleich Öl ins Feuer gießen.

Wegen einer gehörigen Verspätung empört sich ein Partner mit den Worten: „Sag mal, was denkst du dir eigentlich dabei, mich so lange warten zu lassen?"
Worauf der andere ruhig antwortet: „Mit so einer Situation kannst du gar nicht umgehen."
Der andere spürt seine Unterlegenheit und braust auf: „Komm mir jetzt nicht mit deinem blöden Psycho-Geschwätz!"
Doch auch jetzt bleibt der andere entspannt und entgegnet: „Das macht dich dann ganz hilflos."

Statt den Ärger des anderen ernst zu nehmen oder sich damit auseinander zu setzen, wird sich hinter einer psychologischen Maske verborgen. Mit der einseitigen Hinwendung zur Selbstaussage des anderen wird die eigene psychologische Überlegenheit demonstriert.

Ob Ihre Erwiderung wertschätzend oder pseudo-psychologisierend klingt, wird durch Ihre innere Haltung dem anderen gegenüber klar. Wenn Sie ernstlich bemüht sind, den anderen zu verstehen, und versuchen, in Worte zu kleiden, was diesen gerade berührt, fühlt sich dieser ernst genommen. Wenn Sie jedoch dem anderen zeigen wollen, was Sie eigentlich von ihm halten, können Sie sich noch so wohlklingend ausdrücken, der andere spürt Ihre Geringschätzung und fühlt sich abgelehnt und missachtet.

Nach meiner Beobachtung ist es mittlerweile eine beliebte Masche geworden, den anderen mit dieser „Psycho-Sprache" auflaufen zu lassen. Die fehlende Wertschätzung hat aber ihren Preis: Aus dem spontanen Unwillen des anderen wird dauerhafter Groll, der nach Rache schreit.

Es bedarf großer innerer Distanz und einer gehörigen Portion Souveränität, um den „Psycho-Schwätzer" zu bremsen. Das obige Beispiel ließe sich so fortspinnen:

„Sag mal, was denkst du dir eigentlich dabei, mich so lange warten zu lassen?"

„Mit so einer Situation kannst du gar nicht umgehen."

„Komm mir jetzt nicht mit deinem blöden Psycho-Geschwätz!"

„Das macht dich dann ganz hilflos."

„Ich merke gerade, dass es dir schwer fällt, mich ernst zu nehmen."

„Wieso? Ich nehme dich immer ernst."

„Nein, statt dich mit meinem Ärger über deine Verspätung auseinander zu setzen, zeigst du mir auf, wo ich Defizite habe. Es ist dein gutes Recht, keinerlei Betroffenheit zu zeigen und dich über mich lustig zu machen, und ich nehme mir das Recht heraus, das Gespräch an dieser Stelle zu beenden. Tschüss!"

Bei dieser Art des Konterns wird deutlich: Es geht nicht darum, den Gesprächspartner zu ändern, sondern darum, sich weiteren Angriffen zu entziehen. Wer sich aus dem Gefahrenbereich begibt, handelt souverän. Manchmal beinhaltet diese Entscheidung, eine Beziehung zu beenden. Allerdings fällt das vielen Menschen sehr viel schwerer, als verbissen daran zu arbeiten, den anderen gemäß den eigenen Vorstellungen zu ändern.

> **Je nachdem, in welcher Beziehung wir zum Sprecher stehen, werden wir seine Äußerungen anders deuten. Dabei können wir immer wieder feststellen: Wir hören nur, was wir hören wollen und sehen nur, was wir sehen wollen.**

In den meisten Fällen reagieren wir aus purer Gewohnheit gleich. Wollen wir uns von unseren vertrauten Reaktionsmustern freimachen, hilft es, wenn wir uns eingestehen, wie wir üblicherweise auf spitze Äußerungen anspringen.

„Du warst die einzige, die mich nicht im Krankenhaus besucht hat."

Wir hören bereitwillig den vorwurfsvollen Unterton, bekommen womöglich ein schlechtes Gewissen und möchten uns davon freimachen. Prompt wollen wir uns rechtfertigen und holen zu einer langatmigen Erklärung aus. Wer bislang im vorwurfsvollen Ton den Angriff gehört hat, kann sich aber jederzeit entscheiden, die Ebene zu wechseln. In diesem Fall fragen wir uns, wie sich der andere fühlt, beispielsweise:

„Du bist maßlos enttäuscht."
Oder: „Das hat dich gekränkt."

Auch Anklagen und Vorwürfe können durch Ebenenwechsel eine ganz neue Gesprächsperspektive ermöglichen.

„Dir kann man wirklich nichts anvertrauen."

Die Reaktionen schwanken zumeist zwischen Gegenvorwurf („Das musst ausgerechnet du sagen.") und Rechtfertigung („Tut mir leid, ich konnte wirklich nicht ahnen ..."). Da der Ton ja bekanntlich die Musik macht, können wir unser Ohr auch auf einfühlsames **Zuhören** schalten und uns überlegen, wie dem anderen zumute ist, was zu einer ganz anderen Reaktion führt:

„Dir war das ungeheuer peinlich, dass ich das weitergetragen habe."
Oder: „Womöglich habe ich dich dadurch in eine ganz unmögliche Situation gebracht."

Es liegt auf der Hand, dass der empörte Gesprächspartner erklärt, was ihm an dem Vorgang so unangenehm war. Durch dieses Hintergrundwissen kann eine mögliche Entschuldigung wesentlich glaubwürdiger vorgetragen werden.

Es gehört schon einiges Training dazu, die Ebenen im Gespräch sicher zu erkennen und dann souverän zu wechseln.

Ich greife auf die Übungssätze aus dem vorangegangenen Kapitel zurück. Sie werden feststellen, dass es genauso gut möglich ist, auf die mitschwingende Selbstaussage einzugehen, wie wir zuvor auf die indirekte Aufforderung reagiert haben.

Verdeckte Aussage	Ihre Reaktion
(1) Vorgesetzter: „Gerade hat sich Ihre Kollegin Braun krank gemeldet."	
(2) Mann zu seiner Frau: „Es ist kein Bier mehr da."	
(3) Beifahrer: „Du fährst sehr schnell."	
(4) Kollege: „Der blöde Kopierer funktioniert wieder nicht."	
(5) Frau zu ihrem Mann: „Der Mülleimer ist voll."	

Meine Antwortvorschläge

(1) Vorgesetzter: „Gerade hat sich Ihre Kollegin Braun krank gemeldet."

Statt sofort zu handeln oder uns der indirekten Aufforderung zuzuwenden, lenken wir unsere Aufmerksamkeit auf das, was dieser Vorgesetzte über sich selbst aussagt. Wir können uns überlegen, in welche Lage er durch die Krankmeldung der Kollegin geraten ist.

„Das kommt Ihnen gerade völlig ungelegen."
Oder: „Sie machen sich Sorgen, dass Frau Brauns Arbeit liegen bleibt."

Respektvoll auf die Sorgen eines anderen einzugehen, hat einen Vorteil: Wir bekommen mit ziemlicher Sicherheit noch mehr Informationen, ohne direkt darum bitten zu müssen. Es ist denkbar, dass der Vorgesetzte sich zu einer klaren Bitte entschließt. Es ist genauso möglich, dass wir sein eigentliches Problem erfahren, beispielsweise:

„Ja, das passt mir gar nicht. Heute steht doch die Verhandlung mit Brettschneider an und die hatte sie vorbereitet. Jetzt muss ich das allein durchziehen."

Und schon wieder haben wir verschiedene Möglichkeiten zu reagieren. Wir können einen Wunsch heraushören und erwidern:

„Kann ich Ihnen dabei irgendwie behilflich sein?"
Oder „Wenn Sie möchten, arbeite ich mich in den Vorgang ein."

Oder wir bleiben auf der Ebene der Selbstmitteilung, zum Beispiel:

„Ich kann mir vorstellen, was das für Stress bedeutet."
Oder: „Ach je, jetzt hängt die Vorbereitung ganz allein an Ihnen."

Spürt der Vorgesetzte, dass er ernst genommen wird und dass seine Not erkannt wurde, wird er diese Wertschätzung erwidern. Denn nur dadurch wird er auch langfristig anerkannt und mit Respekt behandelt.

(2) Mann zu seiner Frau: „Es ist kein Bier mehr da."
Auch wenn hier die Aufforderung unmissverständlich zu sein scheint, haben wir die Möglichkeit, die Empfindungen des Mannes anzusprechen, beispielsweise:

„Du klingst enttäuscht."
„Das nervt dich."

Der Reiz dieser Antwort liegt in der Verlagerung: Nicht der Angesprochene steht im Mittelpunkt der Aufmerksamkeit und kümmert
sich – vielleicht widerwillig – um das Bier, sondern plötzlich dreht
sich die Aussage um den Sprecher selbst. Dieser ist aufgefordert zu
prüfen, wieweit ihn das fehlende Bier nervt bzw. enttäuscht. Das
mag schließlich in eine klare Aufforderung münden, beispielsweise:

„Ja, ich hatte mich so auf ein Pils gefreut und jetzt ist der Kühlschrank leer.
Holst du mir bitte eins aus dem Keller?"

Genauso vorstellbar ist aber auch folgende Erwiderung:

„Klar nervt mich das, wenn ich erst einmal in den Keller laufen muss. Als ob ich
heute nicht schon genug getan hätte."

Diese Antwort offenbart einen Anspruch. Jetzt gilt es zu prüfen,
ob dafür eine Vereinbarung zugrunde liegt, im Sinne von „Ich
kümmere mich um alle Einkäufe – du kümmerst dich darum,
dass immer genügend Bier kalt gestellt ist." Vielleicht stellt sich
aber heraus, dass über diese Erwartung noch nie ein Wort gewechselt wurde. Möglicherweise geht der Mann stillschweigend davon
aus, dass er auf diese und andere Forderungen an seine Frau auch
ein Recht habe, nach dem Motto: Ich verdiene schließlich das Geld.

Manche Leserin wird vielleicht denken: Mit diesem Vorgehen
komme ich doch nur vom Regen in die Traufe. Hätte ich schweigend
das Bier geholt, wäre die Sache erledigt. Jetzt habe ich statt dessen
eine schwierige Diskussion über gegenseitige Erwartungen. Das ist
zutreffend. Aber erst wenn wir erkennen, dass hinter dem Vorwurf
eigentlich Frustration steckt, hervorgerufen durch enttäuschte
Wünsche, können wir klären, wie sich zukünftige Angriffe vermeiden lassen.

(3) Beifahrer: „Du fährst sehr schnell."
Wir hatten bereits im vorangegangenen Kapitel festgestellt, dass
dieser Satz gar nicht so klar ist, wie es zunächst scheint. Wenn wir
versuchen, auf die Gefühle des Beifahrers einzugehen, hört sich das
vielleicht so an:

„Dir ist das unangenehm, wenn ich so schnell fahre."
Oder kurz: „Du machst dir Sorgen."

Das kann in eine klare Bitte münden, etwa: „Ja, bitte fahr etwas langsamer." Vielleicht erfahren wir aber auch etwas ganz anderes, beispielsweise:

„Stimmt, ich bin über deinen Fahrstil überrascht. Du wirst nicht müde, den sparsamen Umgang mit Energie zu predigen, beim Autofahren erlebe ich aber eine andere Seite an dir."

(4) Kollege: „Der blöde Kopierer funktioniert wieder nicht."

Stellen wir uns vor, was dem Kollegen durch den Kopf gegangen sein mag, als er diesen Satz äußerte:

„Es nervt mich, wenn mein Arbeitsablauf unterbrochen wird. Ich möchte einen einsatzbereiten Kopierer vorfinden. Als Kollege mit wichtigen Aufgaben erwarte ich, dass mir geholfen wird, wenn ich etwas benötige. Es ist für mich am bequemsten, einfach Tatsachen zu benennen. Ich habe es nicht nötig, um irgend etwas zu bitten."

Ohne dem spontanen Impuls zu helfen nachzugeben, können Sie auf diese denkbaren Gefühle respektvoll eingehen:

„Du gerätst unter Druck, wenn du jetzt nicht kopieren kannst."
Oder: „Es nervt dich, wenn der Kopierer nicht funktioniert."

Spürt der andere Ihre Wertschätzung, wird es ihm schwer fallen, Sie geringschätzig zu behandeln. Möglicherweise wird er Sie höflich bitten, ihm zu helfen, vielleicht erzählt er Ihnen aber, was ihn letztlich so gereizt reagieren lässt. Womöglich hat das überhaupt nichts mit Ihnen zu tun, und Sie haben sich auf elegante Weise von der Frage frei gemacht, warum der Kollege Ihnen gegenüber eigentlich so missgelaunt auftritt.

(5) Frau zu ihrem Mann: „Der Mülleimer ist voll."

Im vorangegangenen Kapitel hatte ich bereits ausgeführt, wohin ungeklärte Erwartungen führen können. Wenn wir die mitschwingende Selbstaussage dieses Satzes ansprechen, können wir vielleicht erfahren, wofür diese Feststellung noch steht.

„Du klingst gereizt."
Oder umgangssprachlich: „Das stinkt dir, mich jedes Mal daran erinnern zu müssen."

Sollte der Satz gar nicht so ermahnend gemeint gewesen sein, kommt jetzt eine einlenkende Äußerung, etwa:

„Entschuldige, so war das nicht gemeint. Ich hatte nur gerade gedacht, wenn du doch sowieso in die Garage gehst, ob du den Mülleimer nicht mitnehmen kannst."

Denkbar ist aber auch das längst fällige Gespräch über gegenseitige Erwartungen und Enttäuschungen. Solange sich der andere respektiert fühlt, findet die nun folgende Klärung in einer Atmosphäre gegenseitiger Akzeptanz statt.

Es bedarf einiger Übung, seine Aufmerksamkeit auf den Teil der Aussage zu lenken, in dem der Gesprächspartner etwas **über sich selbst** mitteilt. Nur zu oft fehlen einem dahingeworfenen Satz die entscheidenden Hintergrundinformationen, mit denen wir erfassen können, wie dieser Satz eigentlich gemeint ist, in welchem Zusammenhang er steht und worauf er abzielt. Wer sofort Stellung bezieht, ähnelt dem, der losrennt, ohne zu wissen, wo überhaupt das Ziel ist. Erstaunlicherweise haben wir darin alle große Übung: Geradezu automatisch wird eine Äußerung sofort als Angriff, Frechheit oder Böswilligkeit genommen, gegen die sich umgehend gewehrt werden muss.

Im zweiten Teil des vorangegangenen Kapitels ging es um die indirekten Aufforderungen, die oftmals wie ein Angriff wirken. Gerade bei den unvorhergesehenen Attacken sind wir gut beraten, unser Augenmerk auf die Selbstaussage des anderen zu lenken. Zum einen schützen wir uns vor einer gekränkten oder gar eingeschnappten Reaktion, die nicht selten auch beleidigend ausfallen kann, zum anderen wirkt auf einen Angreifer nichts so entwaffnend wie ruhige Wertschätzung. Schließlich erfahren wir selten mit der ersten Äußerung, ob das, was wir als Angriff empfinden, vom anderen auch wirklich so gemeint war und gemeint bleibt. Manches entpuppt sich als unbeholfener Versuch, irgendwie zum Ziel zu gelangen.

Ich greife noch einmal auf die fünf Übungssätze aus dem 2. Kapitel zurück. Sie können testen, wie leicht es Ihnen bereits fällt, auf die mitschwingende Selbstaussage des Gegenübers einzugehen.

Verdeckte Aussage   **Ihre Reaktion**

(1) „Du sitzt ja nur noch vor deinem Computer."

(2) „Wenn Sie diesen Job nicht rechtzeitig
      erledigen, hat das Konsequenzen."

3) „Es würde dir nicht schaden, mehr für
     die Schule zu tun."

4) „Warum haben Sie das nicht besorgt?"

(5) „Haben Sie eigentlich nichts bemerkt?"

Meine Antwortvorschläge:

(1) „Du sitzt ja nur noch vor deinem Computer."

Mittlerweile sind wir geübt, den Ärger des anderen herauszuhören, was wir auch direkt ansprechen:

„Du klingst sauer."
Oder: „Das bringt dich auf die Palme."

Wenn der andere sich ernst genommen fühlt, verwandelt sich sein Vorwurf in eine Erklärung, woraus der Unmut resultiert:

„Stimmt, schließlich hatten wir für dieses Wochenende noch was ganz anderes geplant. – Am besten sagst du mir jetzt, wann ich mit dir rechnen kann."

Damit jetzt nicht der Eindruck entsteht, dass sich mit diesem Vorgehen alles in eitel Sonnenschein verwandeln lässt, notiere ich noch folgende Erwiderung:

51

„Klar bin ich sauer. Dieser Computer ist dir so wichtig, dass ich anfange eifersüchtig zu werden. Ich habe allmählich das Gefühl, von dir nur noch unter ferner liefen wahrgenommen zu werden."

Hier wird deutlich, dass wir uns bei aller Wertschätzung des anderen auch damit auseinandersetzen müssen, wie wir auf andere wirken. **Kontern mit Wertschätzung** bewahrt uns nicht vor Kritik – es schützt uns lediglich vor unberechtigten Angriffen und Gehässigkeit.

(2) „Wenn Sie diesen Job nicht rechtzeitig erledigen, hat das Konsequenzen."

Trotz dieser massiven Drohung können wir die Unannehmlichkeiten des anderen ernst nehmen und darauf eingehen:

„Ihnen ist die rechtzeitige Erledigung ungeheuer wichtig."
Oder: „Sie sind unsicher, ob ich das schaffe."

Erst wenn wir erfahren, woraus die Unsicherheit oder die Zweifel resultieren, können wir angemessen reagieren. Es macht ja einen erheblichen Unterschied, ob die Erwiderung lautet:

„In der Tat bin ich nervös. Es gibt im Vorstand Bestrebungen, unsere Abteilung aufzulösen bzw. zu verlagern. Wenn wir dieses Projekt in den Sand setzen, dann ist das für die Scharfmacher ein gefundenes Fressen."

Oder aber:

„Stimmt. Ich habe mit Ihnen in diesem Jahr schon zweimal schlechte Erfahrungen gemacht und denke, dass meine Zweifel an Ihnen durchaus berechtigt sind."

Erst jetzt können wir uns mit den Vorbehalten auseinandersetzen. Falls uns die Kritik nicht berechtigt erscheint, haben wir jetzt eine gute Gelegenheit, unseren Eindruck beim Vorgesetzten zu korrigieren. Sollte die Beanstandung jedoch zutreffen, müssen wir uns damit auseinandersetzen. Ich wiederhole noch einmal: Wertschätzendes Kontern dient nicht dazu, uns vor jeder Kritik zu bewahren, sondern soll uns vor unberechtigten Übergriffen schützen.

(3) „Es würde dir nicht schaden, mehr für die Schule zu tun."

Auch einem unerbetenen Ratschlag liegen Gefühle zugrunde. Aus der Sorge, der andere könnte Schaden nehmen, wird gern und oft rat-**schlagend** eingegriffen. Sprechen wir das direkt an:

„Du machst dir Sorgen, wo das endet."
Oder: „Dich macht das ganz unruhig, wenn du mich so wenig für die Schule tun siehst."

Wird dem Ratgeber bewusst, was ihn ratend eingreifen lässt, kann er sich von seinem eigenen Druck freimachen und den anderen in Frieden lassen.

„In der Tat macht es mich ganz nervös, wenn ich sehe, dass du für alles Zeit hast, nur nicht fürs Lernen. Irgendwie denke ich, du machst dir das alles zu leicht. Aber vielleicht sollte ich lernen meinen Mund zu halten. Du bist schließlich alt genug."

(4) „Warum haben Sie das nicht besorgt?"

Wir hatten schon festgestellt, dass eine Rechtfertigung auf die vorwurfsvolle „Warum nicht?"-Frage die denkbar schlechteste Erwiderung darstellt. Was hindert uns, den hörbaren Ärger, der hinter diesem Satz steckt, direkt anzusprechen?

„Sie sind darüber verärgert."
Oder intensiver: „Das macht Sie regelrecht wütend."

Auch hier spiegelt der Tonfall unsere innere Haltung wieder. Sie können diese Sätze so aussprechen, dass keinerlei Betroffenheit oder Anteilnahme erkennbar ist. Dann wirken die Sätze aalglatt und hohl. Spürt der andere jedoch, dass Sie seine Ungehaltenheit wahrnehmen, wird er erläutern, welche ärgerlichen Konsequenzen mittlerweile für ihn entstanden sind. Erst dann sollten Sie entscheiden, ob Sie sich entschuldigen wollen und wenn ja, in welcher Form. Fühlt sich der andere ernst genommen, wird er auch Ihre Entschuldigung akzeptieren.

(5) „Haben Sie eigentlich nichts bemerkt?"

Diesem Vorwurf in Frageform liegt eine gehörige Portion Unverständnis und Ärger zugrunde. Dies gilt es erst einmal zu erfassen und auch anzusprechen.

„Sie könnten platzen, weil mir das passiert ist."
Oder: „Sie sind empört, dass mir das unterlaufen ist."
Oder: „Sie können überhaupt nicht nachvollziehen, wie das geschehen konnte."

Wenn wir respektvoll auf den Angreifer eingehen, garantiert uns dass keinen Frieden. Sofern dem anderen nach Streit ist, teilt er weiterhin aus:

„Und ob ich empört bin. Wo haben Sie eigentlich Ihren Kopf oder ist da nur Stroh drin?"

Bei aller Wertschätzung darf die Fremdachtung nicht so weit führen, dass wir uns selbst aufgeben und beleidigen lassen. Auf einen Nenner gebracht:

Selbstachtung ist Voraussetzung für Fremdachtung.

Verständlicherweise werden wir uns gegen derart grobe Beleidigungen wehren, beispielsweise:

„Ich verbitte mir diesen Ton."
Oder: „Ich habe es nicht nötig, mich in dieser Art und Weise mit Ihnen auseinander zu setzen."
Oder: „Ich gehe jetzt. Wenn Sie sich beruhigt haben, können wir die Sache klären."

So wichtig es ist, einem anderen die Grenzen aufzuzeigen, gilt unabhängig davon das **Gebot der Gesichtswahrung.** Fühlt sich der andere durch unsere Reaktion seinerseits angegriffen, zahlt er es uns heim: Entweder gleich oder später.

Wenn für jemanden unsere Wertschätzung gerade unpassend ist, dann gebietet es gerade diese Wertschätzung zu akzeptieren, dass sie im Moment unerwünscht ist. Statt schweigend den Raum zu verlassen, was eine wichtige Möglichkeit des Selbstschutzes darstellt, können wir auch äußern:

„Ich merke gerade, dass meine Erwiderungen Sie noch zusätzlich verärgern. Aus Respekt vor Ihnen halte ich meinen Mund."

Zusammenfassung

Beim Hören der mitschwingenden Selbstaussagen achten Sie nicht nur auf das, **was** der andere sagt, sondern **wie** der andere spricht und sich verhält. Gefühle, Hoffnungen und Wünsche werden meist nicht direkt formuliert, doch schwingen sie in fast jeder Äußerung mit.

Bei dieser Art des Zuhörens fragen Sie sich im Stillen:

- „Was empfindet mein Gesprächspartner?"
- „Was ist ihm an dem, was er gerade äußert, so wichtig?"
- „Was beschäftigt ihn daran so sehr?"
- „Wie ist ihm zumute?"

Um Antwort auf diese Fragen zu erhalten, Werden Sie sich bemühen, sich in den anderen hineinzudenken, ja hineinzufühlen.

Zeigen Sie, dass Sie die Gefühle, die mit einer Äußerung verknüpft sind, erfasst haben.

Die Konzentration liegt auf: „**Wie** klingt und wirkt mein Gegenüber?"

Durch derartiges Zuhören signalisieren Sie, dass Sie die Empfindungen des Gesprächspartners mitbekommen haben. Mit derartigen Formulierungen zeigen Sie, dass Sie sich ganz und gar auf den anderen Menschen einzustellen bemüht sind.

Mit folgenden Satzanfängen zeigen Sie nicht nur, dass Sie die Erregung Ihres Gesprächspartners wahrnehmen, Sie vermitteln ihm auch, dass Sie seinen Unmut nachvollziehen können:

- „Sie ärgern sich über..."
- „Es nervt Sie, wenn..."
- „Das bringt Sie auf die Palme, wenn ..."
- „Sie sind empört über soviel..."
- „Das verbittert Sie."
- „Das macht Sie regelrecht wütend."
- „Du hasst es, wenn Du..."
- „Du bist geladen, weil..."
- „Du könntest platzen, weil..."
- „Dir stinkt es, wenn..."
- „Du könntest glatt ausflippen."

4. Ansprechen, wofür der andere Sie hält

Viele Auseinandersetzungen scheinen auf den ersten Blick rein sachbezogen abzulaufen. Bei genauerem Hinsehen wird jedoch deutlich, dass die Beteiligten insgeheim um Pluspunkte ringen. Nur zu oft steht hinter einer Diskussion um richtig oder falsch eigentlich ein Kampf um Recht bekommen oder Recht behalten. Und das hat mit der Sache nur noch entfernt zu tun; statt dessen tobt ein **Beziehungskampf.** Beispielsweise:

> „Der Vorschlag klingt sicherlich vernünftig, doch wenn man darüber mal rational nachdenkt, dann wird man sofort feststellen, dass..."

Diese „pseudosachlichen" Mitteilungen werden in der Regel betont sachlich vorgetragen, so dass es oft schwer fällt, sich dagegen zu wehren. Des ungeachtet schlägt die Botschaft auf der Beziehungsebene kränkend ein, lautet sie doch unausgesprochen: „Ich halte Sie für jemanden, der spricht, bevor er anfängt zu denken."

Obgleich alle Beteiligten so tun, als ob ausschließlich auf der rationalen Ebene gesprochen wird, tritt man sich unter dem Tisch gewissermaßen gegen das Schienbein. Man spricht in diesem Zusammenhang von einer verdeckten Beziehungsebene. Es ist immer wieder wichtig, sich zu vergegenwärtigen, dass sich jedes Gespräch auf zwei Ebenen vollzieht – auf der Sachebene **und** auf der Beziehungsebene. Während die Sachebene den rational-logischen Teil abdeckt, bestimmt die Beziehungsebene die Qualität des Zwischenmenschlichen, die im Gesprächsklima, im Umgang miteinander sowie der Bereitschaft, zuzuhören und auf den anderen einzugehen, zum Ausdruck kommt.

Viele Begegnungen finden statt, um heimliche Machtkämpfe auszutragen, um Rituale zu pflegen oder subtil Rache zu nehmen. Statt sich auf die Sache bzw. das offizielle Ziel zu konzentrieren, richtet sich bei diesen Beziehungskämpfen der größte Teil der Energie auf das „Zwischenmenschlich-Allzumenschliche": Man kann sich zum Beispiel wieder einmal als Experte und Retter in der

Not bestätigen oder allen anderen zeigen, wie wenig sie zustande bringen.

Sie mögen einwenden, dass es sich doch dabei um eine Selbstaussage handelt, so wie wir das im vorangegangenen Kapitel besprochen haben. Stimmt, mit jeder Äußerung teilen wir zwangsläufig auch etwas über uns selbst mit. In diesem Kapitel lenken wir jedoch das Augenmerk auf die Art und Weise **wie** man zum anderen steht, also auf die Beziehung.

- Bei der **Selbstaussage** hören Sie: Was sagt der andere über sich?
- Bei der **Beziehungsaussage** filtern Sie heraus: Was sagt der andere über uns beide (sich und mich)? Wie sieht er sich im Verhältnis zu mir?

In jeder Beziehung schwingt unausgesprochen die Frage nach Überlegenheit/Unterlegenheit bzw. nach Ebenbürtigkeit mit. Ohne, dass wir das direkt ansprechen, transportieren wir mit jeder Äußerung mit, wie wir die Beziehung zum anderen definieren.

„Tu, was ich dir sage!" = **Überlegenheit**

„Darf ich dich etwas fragen?" = **Unterlegenheit**

„Wie ist dein neuer Freund?" = **Ebenbürtigkeit**

Problematisch wird es, wenn die Beziehungsdefinition zurückgewiesen wird, weil der andere diese Sicht nicht teilt.

Als junger Student hatte ich einmal einen meiner Professoren ohne Titel angeredet und sehr unterkühlt zur Antwort bekommen: „Ich wüsste nicht, dass wir den gleichen Kindergarten besucht hätten."

Wir können eine solche Äußerung zur Klärung nutzen, bevor daraus – aufgrund unterschiedlicher Annahmen – Konflikte entstehen.

Das, was wir sagen, ist nur ein Teil dessen, was beim anderen ankommt. Unser Tonfall, aber auch unsere Gestik und Mimik drückt stets aus, **wie** wir zum anderen stehen. Es ist sehr viel leichter mit Wörtern zu lügen, als seine Körpersprache unter Kontrolle zu behalten. Darum spürt unser Gegenüber stets wie sehr wir ihn gerade achten, anerkennen und respektieren oder umgekehrt wie sehr wir ihn geringschätzen und missachten.

Wie oft haben Sie schon in Gesprächen erlebt, dass Ihr Gegenüber bereits in Gedanken Stellung bezieht, während Sie noch reden.

Der andere stimmt Ihnen spontan zu, nickt beispielsweise mit dem Kopf, lächelt oder zeigt auf andere Weise sein Einverständnis. Oder er stimmt ihren Argumenten nicht zu und zeigt dies durch Kopfschütteln, Stirnrunzeln oder andere Formen des Missfallens. Dabei werden Sie wohl schon manches Mal erlebt haben, dass die Ablehnung Ihrer Ausführungen und die Ablehnung Ihrer Person nicht mehr voneinander zu trennen waren. Unmerklich wird aus der mangelnden Beachtung Ihrer Argumente eine mangelnde Beachtung Ihrer Person.

Wir können beobachten, dass Menschen mit ihrem Hör-Filter jede Mitteilung nach dem Motto untersuchen:

- Wie redet der/die eigentlich mit mir?
- Wen glaubt er/sie vor sich zu haben?
- Für wen hält er/sie sich eigentlich?

Diese Fragen sind häufig mit folgenden Reaktionen gekoppelt:

- Ich bin doch kein kleines Kind.
- Das muss ich mir doch nicht bieten lassen.
- So lasse ich mich nicht behandeln.
- Wir stehen nicht so zueinander, dass ich das durchgehen lasse.

Doch wer bereits in Gedanken so reagiert, neigt dazu, sich zu wehren bzw. zum Gegenangriff über zu gehen. Und ehe man sich versieht, gerät das Gespräch zum Streit, wobei das Anliegen völlig hinter der Frage verschwindet, wer wen wie anreden darf.

Natürlich bereitet es Lust, einem Angreifer gehörig Contra zu geben. Es ist ja nicht nur das Gefühl der Genugtuung, das uns befriedigt, wir wollen auch zeigen, dass wir uns nicht alles bieten lassen. **Gekonntes kontern** versucht jedoch, einem Machtkampf von vornherein aus dem Wege zu gehen.

Sie können sich gerade die Atmosphäre ausmalen, die während einer Besprechung herrscht, wenn einer auf den Satz: „Die Zahlen scheinen mir aber sehr hoch" spitz erwidert: „Glauben Sie, ich kann nicht rechnen?"

Dieses Beispiel verdeutlicht, wie das Hören auf der Beziehungsebene die Ebene des Inhalts beeinflusst. Auch wenn in jeder Äußerung gewissermaßen eine persönliche Stellungnahme zum anderen enthalten ist, besteht kein Zwang, sich dieser **Beziehungsdefinition** anzuschließen.

> **Wenn Sie genau das zum Thema machen, was unterschwellig vermittelt wird, bewahren Sie sich davor, gekränkt oder beleidigt zu antworten.**

Wer aus dem Satz „Die Zahlen scheinen mir aber sehr hoch" die Botschaft heraushört: „Ich traue dir nicht", ist nicht verpflichtet pampig zu reagieren, beispielsweise: „Glauben Sie, ich kann nicht rechnen?" Er kann auch ganz ruhig auf die mitschwingenden Zweifel reagieren und die Beziehung direkt ansprechen, beispielsweise:

„Sie glauben mir im Moment nicht."
Oder: „Sie halten meine Ausführungen nicht für vertrauenswürdig."
Oder die Selbstaussage des anderen zum Thema machen: „Sie sind skeptisch, was die Zahlen anbelangt."

Diese Art der Auseinandersetzung ist den meisten Menschen völlig neu und kommt ihnen fremd vor. Für viele ist es mit einer Art Tabu belegt, die Art und Weise des Umgangs, also die **Klärung der Beziehung** direkt anzusprechen. Wer hierin geübt ist, bestätigt mir regelmäßig, dass dieses Vorgehen dazu beiträgt, die täglichen Reibereien und Konflikte zu vermindern.

Auch bei diesem Vorgehen taucht die Frage auf:

• Wie redet der gerade mit mir?

Vor der tatsächlichen Reaktion wird in einem nächsten Schritt gewissermaßen dazwischen geschoben:

• So redet der mit mir, bzw. ich werde gerade so und so behandelt.
• Für so jemanden hält mich der andere.

Aus dieser inneren Distanz heraus können wir dann den anderen mit unserer Wahrnehmung konfrontieren, was ihm zu diesem frühen Zeitpunkt – bevor Emotionen hervorbrechen – die Möglichkeit einräumt, ohne Gesichtsverlust zurückzustecken.

Die Beziehungsseite im obigen Beispiel lässt sich noch pointierer ansprechen, beispielsweise

„Sie halten mich für wenig glaubwürdig."
Oder: „In Ihren Augen bin ich nicht verlässlich."
Oder: „Für Sie bin ich unzuverlässig."

Mancher Leser mag beim Lesen dieser drei Beispielsätze innerlich gezuckt und gedacht haben: „So würde ich nie reden." Es fällt in der Tat aus dem üblichen Rahmen, so ausdrücklich in Worte zu kleiden, wie wir uns gerade behandelt fühlen. Weil das direkte Aussprechen so wenig üblich ist, liegt gerade darin seine große Wirkung. Der andere muss sich entscheiden, ob er diese deutliche Beschreibung gelten lassen, oder ob er seine Äußerung anders verstanden wissen möchte.

> **Wenn Sie die Beziehungsaussage direkt ansprechen, die in einer Mitteilung unterschwellig mitschwingt, tragen Sie nicht nur zur Klärung bei, sondern verschaffen sich eine emotionale Distanz, die Sie davor bewahrt, gefühlsgeladen zu reagieren.**

Im Beispiel könnte auf den Satz: „Sie trauen mir im Moment nicht" die Reaktion lauten:

„Oh Entschuldigung, so war das nicht gemeint, mir würde es helfen, wenn Sie mir kurz Ihre Quelle nennen." Und damit wäre dieser Vorgang erledigt.
Allerdings könnte auch die Reaktion kommen:
„Wenn Sie es genau wissen wollen: Ja. In meinen Augen sind alle Ihre Ausführungen einseitig und geschönt, ich könnte auch sagen: belanglos."

Vielleicht stößt uns eine derartige Antwort vor den Kopf. Nun wissen wir aber, woran wir sind. Statt beleidigt zu reagieren, steht es uns frei, unser Erstaunen auszudrücken, z. B.:

„Dann überrascht mich, dass Sie das Gespräch noch fortsetzen."
Oder: „Mich erstaunt Ihre Geduld, mit der Sie mir dennoch zugehört haben."

Wir können diesen massiven Vorwurf aber auch nutzen, um die Beziehung grundsätzlich zu klären, beispielsweise:

„Was kann ich im Moment tun, um Ihr Vertrauen zu gewinnen?"
Oder:„Was würde Ihnen im Moment helfen?"
Oder:„Was würde Sie – trotz aller Vorbehalte – im Moment dennoch interessieren?"

Nicht von ungefähr habe ich für das Beispiel auf das Gefühl des Zweifels zurückgegriffen. In jeder neuen Begegnung geht es um die grundlegende Frage, wie weit man seinem Gegenüber vertrauen kann, oder wie sehr es geboten erscheint, die gehörten Argumente mit Vorsicht zur Kenntnis zu nehmen.

Viele Menschen sind im Äußern ihrer Zweifel unbeholfen. Diese Unsicherheit wird hinter einer Fassade „objektiver Sachlichkeit" versteckt, streng nach dem Motto: „Man schlägt den Sack und meint den Esel." Da Gefühle nur schwer über den Verstand zu beeinflussen sind, folgt als Regel: Das Gefühl des Zweifels verschwindet nicht dadurch, dass einem gesagt wird, man bräuchte diesen Zweifel nicht zu haben. Im Gegenteil!

Erinnern Sie sich Ihrer diesbezüglichen Erfahrungen: Wie rasch schmolzen Ihre Zweifel, wenn Ihnen beteuert wurde, dass etwas „hoch und heilig" wahr sei? Wie glaubwürdig ist jemand für Sie, der schwört, die Wahrheit zu sagen? Wo bleibt Ihre Skepsis, wenn Ihnen gesagt wird, dass etwas „schwarz auf weiß" nachzulesen sei?

Beziehungsklärung meint auch hier: Den Gesprächspartner mit seinem Gefühl ernst zu nehmen und ihm ein Recht auf seine Zweifel bzw. Vorbehalte zuzugestehen. Paradoxerweise können sich Gefühle am schnellsten auflösen, wenn sie zugelassen werden.

Auf der Beziehungsseite ist jede Begegnung mit Gefühlen verbunden. Auch wenn diese Gefühle selten direkt ausgedrückt werden, so wirken die verschiedenen Äußerungen (Ratschläge, Empfehlungen oder auch Einwände und Kritik) auf die Gefühle der Beteiligten. Selbst wenn das Gespräch „ganz sachlich" verläuft, schwingt auf der Beziehungsseite eine Botschaft mit. Im positiven Fall kann diese lauten: „Unser Gespräch verläuft angenehm und sachbezogen, wir sind uns über die Art der Auseinandersetzung einig." Die Beteiligten sind damit einverstanden, vom jeweils anderen so behandelt zu werden. Oder anders ausgedrückt: Ihre Sicht der Beziehung deckt sich mit der tatsächlichen Art des Umgangs. Im negativen Fall wird sich aber hinter einer zur Schau gestellten Sachlichkeit versteckt: „Ich lasse das, was ich höre, nicht gelten. Das teile ich aber nicht offen mit, sondern mache auf der Sachebene Probleme." Wer die Fähigkeit besitzt, immer wieder die Beziehungsfrage zu klären, trägt dazu bei, das Gespräch auf das Wesentliche zu konzentrieren und eine unfruchtbare Auseinandersetzung auf Nebenschauplätzen zu vermeiden.

> **Von Ihrem Verhalten auf der Beziehungsebene hängt es maßgeblich ab, wie Sie als Mensch wahrgenommen werden und ob es Ihnen gelingt, möglichst viel Vertrauen und Glaubwürdigkeit zu vermitteln.**

Es bedarf einiger Übung, sicher herauszuhören, wie der andere gerade die Beziehung zu uns sieht. Sie haben bei den Übungssätzen aus dem 2. Kapitel bereits feststellen können, wie einfach es ist, die mitschwingende Aufforderung oder auch die Selbstaussage herauszuhören. Sie können sich im folgenden an die versteckte Beziehungsbotschaft machen, die in diesen Sätzen enthalten ist.

Verdeckte Aussage	Ihre Reaktion
(1) Vorgesetzter: „Gerade hat sich Ihre Kollegin Braun krank gemeldet."	
(2) Mann zu seiner Frau: „Es ist kein Bier mehr da."	
(3) Beifahrer: „Du fährst sehr schnell."	
(4) Kollege: „Der blöde Kopierer funktioniert wieder nicht."	
(5) Frau zu ihrem Mann: „Der Mülleimer müsste entleert werden."	

Meine Antwortvorschläge:

(1) Vorgesetzter: „Gerade hat sich Ihre Kollegin Braun krank gemeldet."

Vielleicht meinen Sie, dass hier doch gar nichts Verdecktes ist. Schließlich handelt es sich um eine ganz normale Vorgesetzten-Mitarbeiterin Beziehung. Stimmt, auf der oberflächlichen Ebene. Wir wissen aber nicht, ob der Vorgesetzte mit diesem knappen Satz eigentlich vermitteln möchte, dass er die Mitarbeiterin für zuständig hält, sich um die nun liegenbleibende Arbeit der Kollegin Braun zu kümmern. Das gilt es zu überprüfen. Je nach Selbstsicherheit der Mitarbeiterin äußert diese:

„Sie möchten, dass ich die Krankenvertretung von Frau Braun übernehme."

Oder: „Sie trauen mir zu, mich um die Abwicklung von Frau Brauns Aufgaben mit zu kümmern."

Oder: „Das klingt so, als ob Sie mich für zuständig halten, dass Frau Brauns Arbeit nicht liegen bleibt."

Etliche Seminarteilnehmer haben mir vor Erscheinen dieses Buches versichert, dass sie sich nie trauen würden, so mit ihrem Chef zu sprechen. Sie würden sich lieber ihren Teil denken, als da noch irgend etwas zu klären. Diese Entscheidung kann ich nachvollziehen. Wer genügend schlechte Erfahrungen gemacht hat, hütet sich, unnötig aus der Deckung zu kommen. Der Preis dafür ist allerdings der nun hinuntergeschluckte Ärger über den Vorgesetzten, verbunden mit der Erkenntnis, dass dieser wieder mal mit seiner „billigen Masche" erfolgreich war.

(2) „Es ist kein Bier mehr da."

In den beiden vorangegangenen Kapiteln zeigte sich bereits, dass diese sogenannte Feststellung belegt, **wie** der Mann zu seiner Frau steht. In vielen Beziehungen halten Männer dieser Forderung für völlig normal. Sie gehen davon aus, dass es Aufgabe ihrer Partnerin ist, sie zu versorgen – so wie sie ja auch bereit sind, die Frau zu versorgen, indem sie täglich arbeiten gehen. Es spricht nichts dagegen, dass beide diese Rollenzuweisung akzeptieren. Mir begegnen nur immer wieder Frauen, denen diese Forderungen gegen den Strich gehen, die es aber aus den unterschiedlichsten Gründen nicht schaffen, zu einer für beide Seiten befriedigenden Lösung zu kommen. Stattdessen kommt der Ärger unverhohlen zum Ausdruck:

Beispielsweise patzig: „Dann hol dir doch ein Bier!"
Oder trotzig: „Warum guckst du mich an? Du weißt doch wo das Bier steht."
Oder raffiniert: „Wenn du sowieso in den Keller gehst, machst du dann bitte die Waschmaschine leer und bringst die Wäsche hoch."

Wir können uns mühelos ausmalen, wie ein Wort das andere gibt und sich die Stimmung negativ aufschaukelt. Statt sich aber zu ärgern oder es dem Mann bei nächster Gelegenheit zu zeigen, könnte sie die Beziehungsklärung vorantreiben und ihn freundlich anblickend in ruhigem Ton äußern:

„Das hört sich so an, als ob ich für dein Bier zuständig bin."
Oder: „Ich habe den Eindruck, deine Bedienung zu sein."
Oder: „Ich fühle mich wie eine Magd behandelt."

Wenn Ansprüche, für die es keine Grundlage gibt, auf den Prüfstand kommen, geraten die Fordernden rasch in Not. Um einem drohenden Gesichtsverlust auszuweichen, wird das Thema gern gewechselt. – Sollte der Mann jedoch dazu stehen, dass seine Frau ihn zu bedienen habe, beginnt hier ein längst fälliges Klärungsgespräch, bei dem der Mann gewissermaßen seine Besitzstände zu retten versucht.

„Ich habe den Eindruck, deine Bedienung zu sein."
„Red doch keinen Quatsch! Damit hat das doch gar nichts zu tun. Holst du mir nun ein Bier, oder was ist?"
„Stop mal! Du scheinst immer noch davon auszugehen, dass ich hier die Bierholerin vom Dienst bin."
„Was ist denn bloß mit dir los? Bislang hat das doch auch geklappt."
„Stimmt! Ich habe viel zu lange geschwiegen. Wenn ich mich wie eine Magd fühle, habe ich selber Schuld. Schließlich habe ich mich die ganze Zeit so behandeln lassen."
„Sag mal, was willst du eigentlich? Soll ich jetzt auch anfangen, meine Arbeit als Knechtschaft zu erklären? Du spinnst doch!"
„Mag sein, dass ich in deinen Augen spinne. Als die Kinder noch klein waren und ich darum ganz zu Hause war, mag diese Aufteilung berechtigt gewesen sein. Mittlerweile gehe ich jeden Tag genauso zur Arbeit, besorge den Haushalt, die Kinder und soll mich auch noch um deine Bedienung kümmern. Da stimmt etwas nicht." Usw.

Ich habe in mich hineinschmunzeln müssen, als mir manche Männer nach dem Lesen dieses Gesprächs offen erklärten, wie sehr sie hofften, ihre Frauen würden dieses Buch nie zu Gesicht bekommen. Andererseits haben mir einige Frauen zu verstehen gegeben, dass sie sich nicht vorstellen könnten, jemals so mit ihrem Partner zu sprechen. Da würde womöglich die ganze Beziehung in Frage gestellt, und sie hätten danach einen Scherbenhaufen. Dazu äußerte eine Teilnehmerin sehr offen:

> „Wissen Sie, was ich jetzt habe, ist zwar nicht das Gelbe vom Ei, aber das kenne ich wenigstens. Ich habe aber keine Ahnung, was kommt, wenn ich so mit meinem Mann rede. Das ist mir zu riskant. Da lasse ich lieber alles, wie es ist, auch wenn es mir manchmal stinkt."

Einige Teilnehmerinnen stimmten ihrer Kollegin zu und ergänzten, dass es sich nicht lohne, wegen einer Flasche Bier soviel Stress zu machen.

Ich möchte an dieser Stelle noch einmal hervorheben, dass es nicht darum geht, bestimmte Verhaltensweisen als gut und andere als schlecht zu bewerten. Wir müssen uns nur stets bewusst sein, dass wir für unsere jeweilige Entscheidung einen Preis zu bezahlen haben. Ob wir uns wehren, oder schweigen und wunschgemäß gehorchen, stets müssen wir uns fragen, was uns unsere Erwiderung Wert ist.

(3) Beifahrer: „Du fährst sehr schnell."

Der Ton macht ja bekanntlich die Musik. Wird dieser Satz mit vorwurfsvollem Unterton ausgesprochen, wirkt er auf uns anders, als wenn wir ein wenig Bewunderung heraushören. Wir können aber in jedem Fall prüfen, wieweit wir richtig liegen:

> „Du hältst meine Fahrweise für halsbrecherisch."
> Oder: „Ich fahre für dich zu waghalsig."

Erfahrungsgemäß führt das direkte Ansprechen der Beziehungsdefinition, die hinter dem Vorwurf steht, zu einem sofortigen Rückzieher. Nach dem Motto: So war das nicht gemeint. Sollte der andere allerdings zu seinem Vorwurf stehen, können wir immer noch überlegen, wieweit wir Lust haben, unsere Fahrweise zu ändern, andernfalls ist es ein Gebot der Fairness dem Beifahrer die Möglichkeit zum Aussteigen zu bieten.

(4) Kollege: „Der blöde Kopierer funktioniert wieder nicht."

Da der Kollege mit seinem Blick Kontakt aufnimmt, stellt er eine Beziehung her. Wir können vermuten, dass wir (wieder mal!) für zuständig gehalten werden. Das kann Unmut auslösen, weil für viele das Beseitigen von Kopiererproblemen in die Rubrik „niedere Aufgaben" fällt. Es liegt nahe, sich gegen derartige Vereinnahmungsversuche zu wehren. Prompt fallen Worte wie:

Ratschlagend: „Dann mach ihn doch heil!"
Oder trotzig: „Ist das etwa mein Job?"
Oder süffisant: „Vielleicht schaust du mal ins Handbuch."

Unabhängig davon, wie der Kollege seinerseits reagiert, bringt uns eine derartige Erwiderung keineswegs in eine heitere, entspannte Stimmung, weil es uns bereits ärgert, so angesprochen worden zu sein.

Wer jedoch mit diesem Kollegen schon wiederholt die Erfahrung gemacht hat, dass er ganz gern andere springen lässt und sich für etwas Besseres hält, kann die Gelegenheit beim Schopf ergreifen und eine Beziehungsklärung versuchen:

„Du hältst mich da für zuständig."
„Das klingt so, als ob ich mich jetzt verantwortlich fühlen soll."

Falls der Kollege Sie tatsächlich für zuständig hält, erfahren Sie auf diese Weise, welche Erwartungen er an Sie hat:

„Ja klar sind Sie zuständig. Hat Ihnen das noch keiner erklärt? In unserer Abteilung kümmert sich stets der, der zuletzt zu uns kommt, um den Kopierer, das Entkalken der Kaffeemaschine und alle Namensschilder. Sie sind nun mal als letzter zu uns gestoßen. Machen Sie sich nichts draus, das war schon so, als ich vor zwölf Jahren kam."

Gibt es jedoch diese Übereinkunft nicht, ermöglichen Sie dem anderen einen eleganten Rückzieher. Vielleicht hielt er Sie auch gar nicht für zuständig, sondern wollte nur laut klagen:

„Nein, so war das überhaupt nicht gemeint. Es ist nur immer wieder dasselbe. Wenn ich zum Kopierer komme, tut das blöde Ding nicht. Jetzt bin ich be-

stimmt wieder zehn Minuten beschäftigt, irgendeinen Papierstau zu beseitigen, den mal wieder keiner verursacht hat.

(5) Frau zu ihrem Mann: „Der Mülleimer ist voll."

Mittlerweile ist klar, dass mit solchen Feststellungen stets die Zu-
ständigkeit vermittelt werden soll. Auch wenn sich's wiederholt,
passt hier ebenfalls:

„Du hältst mich für zuständig."
Oder: „Du meinst, der Mülleimer gehört zu meinen Aufgaben."

Diese einfache Klärung ist besonders dann von Vorteil, wenn
wir ein reines Gewissen haben und glauben, dass ein Vorwurf
wegen mangelnder Mithilfe völlig unangebracht sei. Statt uns also
zu ärgern oder spontan zurück zu schlagen, erhalten wir durch die
Klärung vielleicht wichtige Zusatzinformationen beispielsweise:

„Nein, das meine ich nicht grundsätzlich. Aber fast alles, was jetzt im Mülleimer ist, stammt von deiner gestrigen Bastelarbeit."
Oder es passiert Folgendes: „So hatte ich das nicht gemeint, aber jetzt, da du
es ansprichst, fände ich es gut, wenn wir mal über ein paar Aufgaben reden,
die hier regelmäßig anfallen." Usw.

Je nach Schärfe des Tons können wir aber auch heraushören, dass
der Vorwurf noch mehr als nur diesen Mülleimer meint. Klären lässt
sich dies allemal, beispielsweise:

„Für dich sieht es so aus, als ob ich mich vor meinen Pflichten drücke."
Oder: „Du hältst mich – was die Hausarbeit betrifft – für einen Faulpelz."

Ein Seminarteilnehmer hielt mir auf diese Äußerungen entgegen:

„Ich bin doch nicht lebensmüde! Da begebe ich mich doch auf vermintes
Gelände. Womöglich kommt da noch ein ganzer Rattenschwanz von Erwartungen auf mich zu. Nein, da leere ich doch lieber ganz schnell und still dieses Mal den Mülleimer."

Das zustimmende Lachen seiner Kollegen zeigte mir, dass diese
mit dem Preis einer frustrierten und darum nörgelnden Partnerin
einverstanden sind oder sich bereits damit abgefunden haben.

In den beiden vorangegangenen Kapiteln hatten Sie bereits Gelegenheit, auf die Angriffe anders als zurückschlagend einzugehen.

Hier können Sie noch einmal probieren, wie geläufig Ihnen bereits die **Beziehungsklärung** von der Zunge geht. Sie konzentrieren sich dabei auf die Frage:

- Wofür hält mich der andere?
- Was bin ich in seinen Augen für einer?

Ihre Satzanfänge verlaufen nach dem Muster:

- Du hältst mich für ... (z. B. zuständig, verantwortungslos)
- Für dich bin ich ein ... (z. B. Retter, Lügner, Feigling)

Entscheidend für Ihren Tonfall ist dabei die innere Haltung. Solange Sie klären wollen, fällt Ihr Ton automatisch neutral aus. Sobald Sie jedoch dem Bedürfnis nachgeben, es dem anderen zurückzugeben, wird Ihr Ton anklagend und es rutschen **verräterische Füllwörter** in Ihre Äußerungen, beispielsweise:

„Du hältst mich **wohl** für zuständig."
„Bin ich **etwa** dafür verantwortlich?"
„Du bist **also** der Meinung, dass ich ein Lügner bin."

Da Sie nicht wissen, ob das, was bei Ihnen als Angriff ankommt, auch so gemeint ist, gehen Sie kein Risiko ein, zunächst zu klären, worauf der andere eigentlich hinaus will. Sollte er Ihr Angebot ausschlagen, ohne Gesichtsverlust aus dem Geschehen aussteigen zu können, haben Sie immer noch alle Möglichkeiten offen. Manchmal tut es ja auch einfach nur gut zurückzuschlagen – egal, was danach kommt.

Verdeckte Aussage	Ihre Reaktion
(1) „Du sitzt ja nur noch vor deinem Computer."	
(2) „Wenn Sie diesen Job nicht rechtzeitig erledigen, hat das Konsequenzen."	

(3) „Es würde dir nicht schaden, mehr für
die Schule zu tun."

(4) „Warum haben Sie das nicht besorgt?"

(5) „Haben Sie eigentlich nichts bemerkt?"

Meine Antwortvorschläge:

(1) „Du sitzt ja nur noch vor deinem Computer."

Können Sie sich vorstellen, dass sich diese Feststellung ohne anklagenden Unterton formulieren lässt? Gerade dieser Tonfall birgt ein großes Risiko: Der vorwurfsvolle Ton verführt zu einer spontanen Rechtfertigung, durch die wir den Ankläger nur zu weiteren Vorhaltungen reizen. Prompt geraten wir in einen Schlagabtausch.

Wer anklagt, sagt jedoch aus, in welcher Beziehung er zum anderen steht, das können wir ansprechen:

„Du hältst mich für verrückt."
„In deinen Augen bin ich total auf diese Kiste fixiert."

Diese Erwiderungen fallen aus dem üblichen Rahmen, weil der unterschwellige Vorwurf nicht nur offen ausgesprochen, sondern sogar noch übertrieben formuliert wird. Selbst wenn der andere auf unsere sprachliche Wendung eingeht, können Sie davon ausgehen, dass auf die Bestätigung noch eine weitere Anklage kommt. In der Regel enthält diese jedoch Informationen, die bislang unausgesprochen waren. Je nachdem, wie Sie zu diesen Vorwürfen stehen, können Sie Ihre Reaktion auswählen. Das geht von einer aufrichtigen Entschuldigung bis hin zu einer entschiedenen Zurückweisung, beispielsweise:

„Du hältst mich für verrückt."

„Stimmt. Du bist nicht mehr ganz dicht. Da verbringst du jetzt das ganze
Wochenende vor diesem Ding und am Sonntagabend fällt dir vielleicht ein,
dass wir eigentlich an unserem Hochzeitstag etwas gemeinsam unternehmen wollten."

Auf diesen Vorwurf werden Sie wahrscheinlich anders reagieren,
als auf den folgenden:

„Du meinst, ich bin nicht mehr ganz dicht."
„Ja, das meine ich. Wie kann man nur bei dem schönen Wetter die ganze Zeit
vor dem Computer sitzen. Das ist doch nicht mehr normal."
„Stop mal! Du machst mir Vorwürfe, weil es in deinen Augen normal ist, bei
schönem Wetter draußen zu sein. Das mag für dich gelten und das akzep-
tiere ich auch. Für mich hat schönes Wetter keine besondere Bedeutung.
An der Stelle haben wir wohl eine sehr unterschiedliche Sicht." Usw.

(2) „Wenn Sie diesen Job nicht rechtzeitig erledigen, hat das Konse-
    quenzen."
Natürlich können wir auf diesen Angriff nach dem bewährten
Muster „Sie halten mich für ..." reagieren, zum Beispiel:

„Sie halten mich für unzuverlässig."

Hinter diesem Angriff können wir jedoch noch mehr erkennen.
Auf der Ebene der Selbstmitteilung hatten wir Sorgen herausgehört.
Ein weiteres Gefühl, dass hier mitschwingt, ist der Zweifel. Da sich
der Zweifel aber auf den anderen bezieht, wird die Beziehung davon
berührt, was wir direkt ansprechen:

„Das klingt, als ob Sie mir nicht trauen."
Oder: „Sie zweifeln, ob ich rechtzeitig fertig werde."

Mancher befürchtet, nun erst recht mit Schrecklichkeiten konfrontiert zu werden. Das kann durchaus folgen. Zweifel lassen sich
jedoch nicht durch Beteuerungen aus der Welt schaffen oder einfach für unbegründet erklären.

**Nur wenn Sie Zweifel ernst nehmen, haben Sie die Möglichkeit,
den Ursachen des Misstrauens auf den Grund zu gehen.**
**Erst wenn Sie den wahren Grund kennen, können Sie erfolgreich
reagieren.**

Wenn es uns gelingt, trotz dieser unverhohlenen Drohung, den Vorgesetzten ernst zu nehmen, erfahren wir vielleicht, was ihn bewogen hat, uns Konsequenzen anzudrohen.

„Das klingt, als ob Sie mir nicht trauen."

„Das sehen Sie durchaus richtig. – Ich kann bei Ihnen keinerlei Anzeichen erkennen, dass Sie sich anstrengen werden, den Termin zu halten. Da wird man schon skeptisch."

Erst nach dieser Rückmeldung über unsere Außenwirkung können wir überlegen, wie wir darauf eingehen wollen. Das kann eine weitere Frage sein, um noch besser zu verstehen, was der Vorgesetzte bemängelt. Vielleicht können wir auch erklären, warum wir so „versteinert" dagesessen sind.

(3) „Es würde dir nicht schaden, mehr für die Schule zu tun."

Weil ungebetene Ratschläge oftmals nervig sind, reagieren wir spontan ungehalten. Die unterschwellige Botschaft kränkt uns. Der andere gibt uns auf der Beziehungsebene zu verstehen, dass er uns die Kompetenz zur Lösung unserer eigenen Probleme nicht zutraut. Prompt geht uns durch den Kopf: „Für wie doof hält der mich eigentlich?" Statt uns jedoch darüber zu ärgern, dass uns die Kompetenz abgesprochen wird, spielen wir den „Beziehungsball" zurück.

„Du hältst meine Art zu lernen für unverantwortlich."

„In deinen Augen bin ich nicht pflichtbewusst genug."

Ich gebe zu, dass das weitere Gespräch höchste Konzentration erfordert, aber der Erfolg wird Sie beflügeln.

„Du hältst meine Art zu Lernen für unverantwortlich."

„Ganz genau. Wenn ich sehe, wie leichtfertig du mit deiner Zeit umgehst, dann kann ich nur sagen: verantwortungslos."

„Mit anderen Worten: **Du** möchtest jetzt die Verantwortung für mich übernehmen."

„Mir bleibt ja nichts anderes übrig. Von allein tust du ja nichts."

„Ich werde also dadurch eigenverantwortlich, indem du für mich jetzt die Verantwortung übernimmst."

„Du weißt genau, wie ich das gemeint habe."

„Nein, das weiß ich nicht. Ich weiß nur, dass du seit der ersten Klasse überprüfst, ob ich auch genug für die Schule tue."

„Das ist ja auch nötig. Ich würde dich ja in Ruhe lassen, wenn du freiwillig lernen würdest."

„Mit anderen Worten: Du hältst mich dann für eigenverantwortlich, wenn ich genau nach deinen Vorstellungen lebe." Usw.

Ganz gleich wie dieses Gespräch endet. Wer sich souverän mit ungebetenen Ratschlägen auseinandersetzt, wird in Zukunft seltener Opfer derartiger Übergriffe. Der „Rat-Schläger" merkt, dass sein dahingeworfener Rat oder seine Mahnung in argumentative Feinarbeit mündet. Das schreckt ab.

(4) „Warum haben Sie das nicht besorgt?"

Ich hatte schon erklärt, dass eine Rechtfertigung die denkbar schlechteste Reaktion darstellt. Damit gehen wir dem anderen nur auf den Leim. Zeigen wir doch dem Angreifer, dass wir keine Angst haben, uns mit seinem Beziehungsvorwurf auseinander zu setzen, beispielsweise:

„Sie halten mich für unzuverlässig."

„Da habe ich für Sie auf ganzer Linie versagt."

Jetzt muss der Angreifer überlegen, ob er fortfährt, oder sich angesichts unserer Ruhe für einen Rückzug entscheidet. Selbst wenn er nachlegt, sind wir gut beraten, herauszufinden, was er eigentlich beabsichtigt.

„Sie halten mich für unzuverlässig."

„So deutlich wollte ich es nicht sagen, aber wenn Sie schon das Wort in den Mund nehmen: Ja, in meinen Augen sind Sie unzuverlässig. Sie haben genau gewusst, wie wichtig das ist."

„Sie gehen davon aus, dass ich das mit Absicht getan habe."

„Ja. Oder wollen Sie mir sagen, dass sie das vergessen haben?" (Vorsicht! Diese Frage ist so voller Zweifel, dass eine sachliche Antwort nichts bringt.)

„Das können Sie sich kaum vorstellen."

„Nein, das kann ich wirklich nicht. – Es sei denn, Ihnen ist überhaupt nicht klar, welche Konsequenzen uns nun drohen."

„Sie können mir das bestimmt erklären."

„Ich merke schon, Sie haben es wirklich nicht gewusst. Also, passen Sie mal auf..." Usw.

Jetzt wird uns der andere – zwar von oben herab – an seinem Informationsvorsprung teilhaben lassen. Wir können uns dann überlegen, wie wir unsere Vergesslichkeit entschuldigen und den Schaden wieder gut machen wollen.

(5) „Haben Sie eigentlich nichts bemerkt?"
Vorwürfe im Fragestil sind hinterhältig. Der Angreifer gibt zu verstehen, wie wenig er vom anderen hält. Auf der Beziehungsebene teilt er aggressiv aus, gleichzeitig kann er sich jedoch hinter die Floskel „man wird doch wohl noch fragen dürfen" zurückziehen. Der Angreifer rechnet jedoch nicht damit, dass wir geradezu unbekümmert die mitschwingende Beziehungsaussage zum Thema machen, beispielsweise:

„Sie halten mich für gedankenlos."
„Sie zweifeln an meinem Sachverstand."

Weil wir üblicherweise auf einen Vorwurf mit einer Rechtfertigung reagieren, bringt diese Art der Klärung die Erwartungshaltung des Angreifers gehörig durcheinander. Jetzt muss er überlegen, wie es weitergehen soll. Auf seinen ersten Vorwurf noch einen zweiten zu satteln, passt gerade nicht.

> **Ihre Fähigkeit, einen Angreifer trotz seines Angriffs ernst zu nehmen, irritiert diesen in der Regel.**

Erfahrungsgemäß lenkt der andere entschuldigend ein, nach dem Motto: „So war das nicht gemeint."
Aber wir wollen natürlich auch dann noch **gekonnt kontern,** wenn unser Gegenüber auf einen handfesten Streit zielt.

„Sie halten mich für gedankenlos."
„Das kann man wohl sagen. Ich habe ja schon manchen Schwachsinn gesehen, aber das hier ist der Gipfel."

Wenn wir einen anderen ernst nehmen, zwingt uns das nicht, uns beleidigen zu lassen. Sie erinnern sich an den Satz: Fremdachtung darf nicht auf Kosten der Selbstachtung gehen. Wenn der andere uns für jemanden hält, den er demütigen kann, dann sollten wir das direkt ansprechen:

„Sie halten mich für jemanden, den man beleidigen kann."

Oder: „In Ihren Augen hilft nur noch, mich herunter zu putzen.
Oder auch ruhig feststellend: „Sie setzen darauf, mich jetzt zu verunglimpfen."

Es ist ausgesprochen schwer, einen kränkenden Angriff fortzusetzen, wenn einem gerade bewusst gemacht wird, wie man mit dem anderen umgeht. Genau darin liegt die Stärke dieses Vorgehens: Sie beschreiben dem anderen lediglich, was er gerade macht, ohne darauf zu dringen, dass er sein Verhalten ändert. Unabhängig davon, ob er sein Vorgehen ändert oder nicht, er muss nun eine Entscheidung fällen, wie er weitermachen will. Allein das hebt seine bisherige Spontaneität auf. Selbst wenn er sich für weitere Attacken entscheidet, er kann nicht mehr spontan angreifen.

Zusammenfassung

Wenn Sie ansprechen, wie der andere Sie **behandelt,** decken Sie auf, **wie** der andere zu Ihnen steht. Auch wenn Ihnen die Sichtweise des Angreifers überhaupt nicht behagt, es ist – aus welchen Gründen auch immer – seine Sicht der Beziehung.

> **Wenn Sie beschreiben, wie Sie sich behandelt fühlen, ohne dabei zu bewerten, durchbrechen Sie das erwartete Muster: Angriff-Verteidigung, bzw. Vorwurf-Rechtfertigung.**
>
> **Mit dieser Art von Wertschätzung bringen Sie Ihr Gegenüber höchst respektvoll aus dem Konzept.**

Um dem anderen zu vermitteln, wie seine Äußerung gerade bei Ihnen angekommen ist, können Sie auf folgendes Muster zurückgreifen:

- „Du hältst mich für... (z. B. zuständig, verantwortungslos, inkompetent, ahnungslos, pflichtvergessen).“
- „Für dich bin ich ein... (z. B. Spinner, Chauvi, Feigling, Aufschneider, Angeber, Hanswurst).“

Wenn Sie sich trauen, die Rollenzuweisung noch übertriebener anzusprechen, führt gerade diese Überspitzung beim anderen zum Einlenken. Nur wer es auf einen handfesten Streit abgesehen hat, macht danach weiter. Aber selbst dann sind Sie in einer guten Position, weil Ihre Entscheidung, wie Sie fortfahren wollen, noch völlig offen ist. Bislang haben Sie ja nur wiederholt, was der andere in unklarer Form geäußert hatte.

Wenn Sie merken, dass hinter dem Angriff des anderen eigentlich Zweifel stecken, können Sie dies direkt ansprechen, z. B.:

- „Sie haben Zweifel an mir.“
- „Sie zögern noch, mir zu vertrauen.“
- „Sie sind noch skeptisch, ob sie auf mich zählen können.“
- „Sie sind sich noch unschlüssig, ob Sie mir trauen können.“
- „Sie haben hinsichtlich meiner Person noch Bedenken.“
- „Sie schwanken noch, ob Sie mit mir rechnen können.“

Diesen Satzanfängen folgt zumeist ein „Ja, weil …" Dabei werden Sie die Erfahrung machen, dass Ihr Gegenüber plötzlich erklärt, was ihm noch fehlt, um Ihnen vertrauen zu können.

Ihre Wirkung hängt wesentlich von Ihrem ruhigen, neutralen Ton ab, mit dem Sie die Beziehung klären wollen. Rutschen Ihnen Wörter in ihre Sätze, wie

- wohl,
- etwa,
- gar,
- also,

bekommt Ihr Tonfall sogleich etwas Anklagendes, und Ihr Gegenüber greift den Fehdehandschuh dankbar auf.

5. Die Möglichkeiten der sachlichen Erwiderung

Die drei bislang besprochenen Reaktionsmöglichkeiten haben etwas gemeinsam: Sie beenden die Spontaneität. Was ist damit gemeint? Sie lenken Ihre Aufmerksamkeit auf einen Teil der Aussage, der zwar mitschwang, aber dem Sprechenden so nicht bewusst war. Es wäre ihm ja ein Leichtes gewesen, sich so auszudrücken, dass Sie beispielsweise seinen Wunsch unmissverständlich verstehen oder seine augenblickliche Befindlichkeit direkt erfassen. Aber das war nicht seine bewusste Absicht. Erst das Aussprechen lässt den mitschwingenden Wunsch, das momentane Gefühl bzw. seine Haltung Ihnen gegenüber bewusst werden. Das hat wichtige Folgen:

Unser natürliches Verhalten verliert nämlich schlagartig seine Spontaneität, sobald es in unser Bewusstsein dringt oder anders formuliert: **Es gibt keine bewusste Spontaneität**.

Sie können das jederzeit überprüfen, indem Sie jemanden bitten, ganz spontan aufzustehen und sich entspannt hinzustellen. Wer dieser Aufforderung nachkommt, erhebt sich meist steif und bemüht sich stehend um eine lockere Haltung, die alles andere als entspannt oder natürlich wirkt.

Gleiches widerfährt Ihnen, wenn Sie während einer Handlung, die Sie beherrschen, gewahr werden, wie gut Sie das gerade machen. Prompt unterlaufen dem Klavierspieler Fehler, dem Tennisspieler geht ein Ball durch und beim Abtippen geraten plötzlich Buchstaben durcheinander. Der natürliche Handlungsfluss wird unterbrochen, sobald wir ihn in unser Bewusstsein heben. Ja selbst das Einschlafen will sich nicht einstellen, wenn wir darauf achten, wie der Schlaf kommt.

Dieses Phänomen können wir nun gezielt einsetzen, um unerwünschtes Spontanverhalten zu steuern. Nehmen Sie beispielsweise Schluckauf. Solange das störende Hicksen eine unwillkürliche Verhaltensweise bleibt, lässt sich der Schluckauf kaum oder nur schwer steuern. Ganz anders bei folgender Aufforderung:

„Wenn du es schaffst, in den nächsten zwei Minuten zehn Mal zu hicksen, bekommst du fünf Euro." Soll das Hicksen willentlich vollzogen werden, entsteht eine völlig neue Situation. Die Konzentration auf die Belohnung führt zu bestimmten Muskelanspannungen im Zwerchfell, die einem „natürlichen Schluckauf" entgegenwirken. Nach dem gleichen Muster lassen sich auch andere Spontanreaktionen beeinflussen. Das Lachen erstirbt einem förmlich, wenn die Aufforderung erfolgt: „Lach bitte noch ein bisschen mehr!" Auch verliert jegliche Anmut ihren Reiz, wenn man sich bewusst darum bemühen soll.

Es gehört zu den gemeinen Tricks, jemanden durch Bewunderung aus dem Konzept zu bringen: Wird die Aufmerksamkeit auf den natürlichen Handlungsfluss gelenkt, wird dieser so absichtlich ausgeführt, dass sich eine plötzliche Verkrampfung einstellt. Man mag beispielsweise beim Kegeln gegen die typischen Zurufe „Das geht daneben!" gefeit sein, doch der beste Kegler kommt im wahrsten Sinne des Wortes aus dem Tritt wenn ihm gesagt wird: „Ach, mit **dem** Fuß nimmst du Anlauf." Die Natürlichkeit einer gekonnten Bewegung verträgt sich nicht mit Beobachtung und Bewusstheit.

Wenn Sie auf die Empfindungen Ihres Gesprächspartners zuhörend eingehen, indem sie diese benennen, stoppen Sie das spontane Ausleben eben dieser Empfindung.

> **Benennen Sie Handlungsweisen, die Sie verhindern wollen. Heben Sie spontanes Verhalten ins Bewusstsein.**

Mit Zuhören stillen Sie ein menschliches Grundbedürfnis: „Ich will ernstgenommen und verstanden werden." Verstehen heißt hier nicht nur, dass Sie den Standpunkt Ihres Gesprächspartners intellektuell nachvollziehen können. Verstehen heißt auch, dass Sie die Sichtweisen Ihres Gegenübers akzeptieren und respektieren. Dazu müssen Sie nicht übereinstimmen oder das gutheißen, was Ihr Gegenüber sagt, aber Sie versuchen, die Dinge aus seiner Warte heraus zu betrachten und akzeptieren diese als eine mögliche Sichtweise.

Darüber hinaus steuern Sie die Selbstwahrnehmung Ihres Gegenübers, indem Sie ihm seine Empfindungen bewusst machen.

Manch einer wird mir entgegenhalten, dass das unrealistisch sei. Wenn das Verhalten eines anderen abscheulich ist, muss man es stoppen. Eine neutral formulierte Umschreibung würde den anderen womöglich bestärken, sein Verhalten fortzusetzen. Doch nur wenn sich der andere angegriffen fühlt, wird er sein Verhalten fortsetzen und sich dabei auch noch im Recht wähnen. Wann immer Sie beschreiben, was Ihr Gegenüber tut, machen Sie die **spontane** Fortsetzung dieses Verhaltens unmöglich. Der weitere Fortgang kann allenfalls willentlich, also bewusst und damit vorsätzlich erfolgen. Dabei geht aber die bisherige Natürlichkeit verloren. Dies beschreibt *Heinrich von Kleist* in seiner Erzählung „Über das Marionettentheater" vortrefflich:

„Ich badete mich vor etwa drei Jahren, mit einem jungen Mann, über dessen Bildung damals eine wunderbare Anmut verbreitet war. Er mochte ohngefähr in seinem sechzehnten Jahre stehn, und nur ganz von fern ließen sich, von der Gunst der Frauen herbeigerufen, die ersten Spuren von Eitelkeit erblicken. Es traf sich, dass wir grade kurz zuvor in Paris den Jüngling gesehen hatten, der sich einen Splitter aus dem Fuße zieht; der Abguss der Statue ist bekannt und befindet sich in den meisten deutschen Sammlungen. Ein Blick, den er in dem Augenblick, da er den Fuß auf den Schemel setzte, um ihn abzutrocknen, in einen großen Spiegel warf, erinnerte ihn daran; er lächelte und sagte mir, welch eine Entdeckung er gemacht habe. In der Tat hatte ich, in eben diesem Augenblick, dieselbe gemacht; doch sei es, um die Sicherheit der Grazie, die ihm beiwohnte, zu prüfen, sei es, um seiner Eitelkeit ein wenig heilsam zu begegnen: ich lachte und erwiderte – er sähe wohl Geister! Er errötete, und hob den Fuß zum zweitenmal, um es mir zu zeigen; doch der Versuch, wie sich leicht hätte voraussehen lassen, missglückte. Er hob verwirrt den Fuß zum dritten und vierten, er hob ihn wohl noch zehnmal: umsonst er war außerstande dieselbe Bewegung wieder hervorzubringen – was sag ich? die Bewegungen, die er machte, hatten ein so komisches Element, dass ich Mühe hatte, das Gelächter zurückzuhalten."

Wenn Sie in nächster Zeit üben, Aussagesätze zu formulieren und dabei einem anderen beschreiben,

- was er eigentlich will,
- wie ihm gerade zumute ist
- oder was er von Ihnen hält,

stoßen Sie vielleicht auf eine Schwierigkeit: Ihre Beschreibung kann sich mit Ihrer **Bewertung** vermischen.

„Kannst du nicht mal versuchen, weniger Fehler zu machen."

„Du willst mir **nur** nicht helfen." Antonyme Aufforderung mit Bewertung vermischt.

„Du klingst **aber ganz schön** gereizt und unduldsam." Selbstaussage mit Bewertung vermischt.

„Du hältst dich **wohl** für etwas Besseres." Beziehungsaussage mit Bewertung vermischt.

Sobald Sie jedoch das Verhalten eines anderen kritisieren, fühlt sich dieser angegriffen und schon dreht sich die Spirale von Vorwurf und Verteidigung.

Wenn Sie darstellen, was ein anderer gerade macht, lassen Sie ihn gewissermaßen in einen Spiegel schauen. So wenig wie ein realer Spiegel zum Kämmen auffordert, darf auch in Ihrer „Bespiegelung" kein Appell enthalten sein, dass sich der andere (gefälligst!) ändern muss.

Diese Vorgehensweise fordert Sie dazu heraus, ein Verhalten, – sei es noch so widerwärtig – zunächst einmal als gegeben zu akzeptieren. Wenn es Ihnen gelingt, dass der andere seine Handlungsweise ändert, haben Sie nicht nur gewonnen, sondern auch verhindert, dass sich der andere als Verlierer fühlen muss.

Wir machen in unserer Sprache einen feinen Unterschied: Der Sieg geht stets nur an einen, gewinnen können jedoch mehrere. Ob wir nun als Sieger oder als Gewinner aus etwas hervorgehen, macht gefühlsmäßig keinen Unterschied. Ob sich aber unser Gegenüber in der Verliererposition wiederfindet oder als Gewinner fühlen kann, hat unmittelbare Folgen für unsere Zukunft.

Sie handeln aus der **Sowohl-Als-Auch-Position,** wenn Sie sich weder überlegen noch unterlegen fühlen, weder feindlich noch vertrauensselig sind. Sehen Sie Ihren Gesprächspartner nicht als Gegner, nicht als Feind, aber auch nicht als Opfer oder wertlosen Menschen. Sehen Sie ihn als gleichberechtigten Partner, der genauso viel wert ist wie Sie, der genauso ein Recht auf seine eigene Meinung hat, und der genau wie Sie seine Stärken und Schwächen hat.

Entweder-oder-Haltung   **Sowohl-als-auch-Haltung**

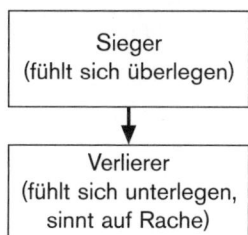 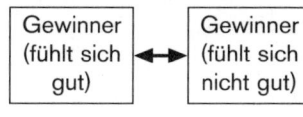

Nach dieser langen Hinführung können Sie nachvollziehen, warum ich die sachliche Erwiderung für problematisch halte. Im Gegensatz zu den drei Bereichen Aufforderung, Selbstmitteilung und Beziehung ist die Sache selbst offensichtlich, denn davon handelt ja die Äußerung. Da der Angreifer damit rechnet, dass darauf eingegangen wird, können wir ihm auch nichts zu Bewusstsein bringen, wenn wir sachlich kontern.

„Ihre Ergebnisse sind falsch."
„Nein, die sind richtig. Ich habe sie gerade nachgerechnet."
„Dann haben Sie falsch gerechnet."

Wer versucht, einen Angriff sachlich zu widerlegen, geht dem Angreifer auf den Leim. Weil uns allen das Muster **Angriff-Verteidigung** so vertraut ist, rechnet der Angreifer bereits damit, dass wir uns wehren. Um das zu verhindern, muss unsere Reaktion aus dem erwarteten Rahmen fallen.

> **Wer argumentiert, verliert.**

Die sachliche Erwiderung wirkt grotesk, wenn wir eine Feststellung eigentlich als Appell verstehen sollen:

„Mensch, ist der Koffer schwer." – „Richtig."
„Deine Musik hört man bis auf die Straße." – „Das ist wahr."
„Das ist eigentlich kein Parkplatz." – „Stimmt."
„Das neue Restaurant an der Ecke soll hervorragend sein." – „Ja."

Grundsätzlich können Sie auf jede Feststellung mit einem „ja", „stimmt" oder „richtig" eingehen. Die Übungssätze der vorangegangenen Kapitel bekommen dadurch allerdings etwas Absurdes.

Mann zu seiner Frau: „Es ist kein Bier mehr da." – „Stimmt."
Beifahrer: „Du fährst sehr schnell." – „Das ist wahr."
Kollege: „Der blöde Kopierer funktioniert wieder nicht." – „Richtig."
Frau zu ihrem Mann: „Der Mülleimer ist voll." – „Ja."

Sie können statt des einfachen „ja" auch mit einem ganzen Satz auf die Äußerung des anderen eingehen. Entscheidend ist, dass Sie sich ausschließlich auf die Sache konzentrieren, ohne sich dabei bereits angesprochen zu fühlen.

„Es ist kein Bier mehr da."
„Wenn es so heiß ist, wird ganz schön viel Bier getrunken."
Oder: „Das letzte Bier hat Herr Brettschneider bekommen."

„Du fährst sehr schnell."
„Die Geschwindigkeitsbegrenzung ist meines Wissens aufgehoben."
Oder: „250 PS wollen bewegt werden."

„Der blöde Kopierer funktioniert wieder nicht."
„Der Kopierer spinnt in letzter Zeit ganz schön oft."
Oder: „Das ist mir auch schon aufgefallen."

„Der Mülleimer ist voll."
„Ein Windelkind verursacht erstaunlich viel Müll."
Oder: „Bei unserem Müllaufkommen wird ein 20 Liter-Eimer ziemlich schnell voll."

Diese Technik verfremdet das Gesprächsanliegen. Obwohl sich die Sätze aufeinander beziehen, erscheinen sie folgewidrig ja beziehungslos. Im Rahmen dieser Übungssätze mag eine derartige Reaktion dick aufgetragen wirken; in den täglichen Konferenzen und Meetings fällt es kaum noch auf, dass genauso gesprochen wird. Das Bemühen, seine fachliche Kompetenz unter Beweis zu stellen, führt zwangsläufig zu einem ausschließlichen Blick auf die so genannte Sache. Da braucht nur irgendein Kollege missbilligend zu äußern, dass ein Vorschlag nicht „innovativ" sei, schon fühlt sich der „Vor-schläger" aufgefordert, haarklein zu begründen, was an seiner Idee neu und bahnbrechend sei. Wie oft gehen die Teilnehmer derartiger Besprechungen entnervt auseinander und fragen sich, was dieses Treffen eigentlich hätte bringen sollen.

Sie können beobachten wie in alltäglichen Gesprächen ganz sachbezogen auf einander eingegangen und gleichzeitig aneinander vorbeigeredet wird. Dies fällt bei allgemeinen Aufforderungen natürlich leichter als bei brisanten Themen. Nehmen wir dazu noch einmal das Beispiel des moralischen Drucks:

„Bei der Taufe unserer Jüngsten werden bestimmt 30 Gäste kommen. Du kannst dir nicht vorstellen, was das wieder für mich heißt. Ich bin ja völlig allein damit und weiß schon gar nicht mehr, wo mir der Kopf steht."
„30 Gäste sind wirklich viel."
Oder: „Richtig: Eure Jüngste ist ja noch gar nicht getauft."

Ein Vorgesetzter gegenüber zwei Mitarbeitern: „Der Kollege Schulz ist leider erkrankt und auf seinem Schreibtisch türmt sich die Arbeit."
Lachend erwidert der eine Mitarbeiter: „Ja, da unterscheidet sich Schulzes Schreibtisch kaum von meinem." Anschließend schaut er auffordernd seinen Kollegen an, doch auch der blendet den Appell zur Krankenvertretung aus und äußert ganz sachbezogen: „Da geht gerade ein ganz blöder Virus herum. Mal sehen wie lange ich noch gesund bleibe."

Vordergründig mag diese sachliche Erwiderung witzig und schlagfertig wirken. Bleibt eine Reaktion aus, könnten wir versucht sein, dieses Vorgehen für erfolgreich zu halten. Wir neigen allerdings dazu auszublenden, wie sich jemand fühlt, den wir gerade haben auflaufen lassen. Mit diesen einfachen Reaktionen sind wir nur für einen kurzen Moment aus dem Schneider, denn der andere fühlt sich ja keinesfalls ernst genommen. Im Gegenteil! Der Gesprächspartner spürt, dass wir nicht auf ihn eingehen und absichtlich etwas anderes hören, als er gemeint hat. Dadurch fühlt er sich nicht nur unverstanden, sondern vielleicht sogar verspottet und verhöhnt. Es wäre verständlich, wenn er ärgerlich wird.

Auch wenn wir seinen Unmut nicht gleich zu spüren bekommen, können wir davon ausgehen, dass wir eines Tages dafür bezahlen müssen. In vielen Fällen werden wir allerdings nicht verstehen, dass der Angriff eines anderen lediglich eine späte Rache darstellt; eine Rache für ein Vorkommnis, das wir vielleicht längst vergessen haben.

Wer angreift, zielt – ganz militärisch betrachtet – darauf, den anderen zu vertreiben bzw. niederzuwerfen. Er leistet sich sein Vorgehen im Vertrauen auf seine Überlegenheit. Auf unsere Gegenwehr ist der Angreifer vorbereitet. Er rechnet jedoch nicht damit, ernst genommen zu werden. Mit diesem Überraschungsmoment können wir arbeiten. Wenn wir auf der Sachebene **gekonnt kontern,** verhalten wir uns genauso respektvoll, wie bei den drei anderen Reaktionen.

Vielleicht erscheint es Ihnen wie eine ermüdende Wiederholung, wenn ich noch einmal betone:

> **Ehe Sie sich verteidigen oder zum Gegenangriff blasen, sollten Sie prüfen, wie die Äußerung Ihres Gegenübers tatsächlich gemeint ist.**

Die einfachste Möglichkeit der Überprüfung ist die Wiederholung mit eigenen Worten. Ich hatte dies auch als **umschreibendes Zuhören** bezeichnet. Gelingt es Ihnen, eine Äußerung – auch wenn sie wie ein Angriff erscheint – zunächst sinngemäß zu wiederholen, eröffnen Sie dem anderen die Möglichkeit, sich genauer zu erklären.

„Sie erwarten doch hoffentlich nicht, dass ich dieses Protokoll so unterschreibe."
„Sie akzeptieren das Protokoll so nicht."
„Ja. Da sind Rechtschreibfehler drin, die Sie bitte noch korrigieren."

„Angesichts des knappen Termins sollten wir uns nicht mit abwegigen Vorschlägen aufhalten."
„Im Anbetracht der Zeit sollen nur realistische Entwürfe erörtert werden."
„Oh, Entschuldigung. Das war nicht gegen Ihr Konzept gerichtet. Ich wollte nur verhindern, dass wir uns verzetteln."

„Wenn ich Ihre Frau wäre, würde ich Gift in Ihren Kaffee geben."
„Sie möchten mich vergiften."
„Nein. Natürlich nicht. Ich rege mich nur fürchterlich auf, wenn Sie behaupten, Frauen könnten nicht denken." Usw.

Im schlimmsten Fall legt es der andere auf einen Streit an und steht zu seinem Angriff. Dann legt er aggressiv nach, beispielsweise:

„Logik ist wohl nicht Ihre Stärke."

„Die Ausführungen sind für Sie unlogisch."

„Wenn es nur das wäre. In meinen Augen sind Sie ein Schlitzohr."

„Sie reden doch nur um den heißen Brei herum, machen Sie endlich mal konstruktive Vorschläge."

„Bislang fehlen sachdienliche Gedanken."

„Ja! Aber was soll ich auch von jemandem erwarten, der keine eigene Meinung hat, weil er gekauft wurde."

Durch unsere sachliche, um Verständnis bemühte Erwiderung kann sich der Angreifer provoziert fühlen. Um so besser: Unversehens landet der Angriff dort, wo er ursprünglich auch greifen sollte: Auf der Beziehungsseite. Jetzt stehen uns wieder alle Möglichkeiten der Beziehungsklärung offen. Aus irgend einem Grund möchte uns der andere seine Überlegenheit demonstrieren. Solange wir nicht wissen, was den anderen reizt, uns derartig zu attackieren, können wir die Situation kaum angemessen einschätzen. Falls es uns gelingt, unsere Lust zurückzuschlagen zu zügeln, können wir dem anderen seinen Ärger und seine Vorbehalte bewusst machen. Wir können sogar – frei von jeder Rechtfertigung – Verständnis für den anderen aufbringen:

„Ich kann verstehen, dass Sie das Bild, das Sie von mir haben, ablehnen."

Weil wir nur in Ausnahmefällen unaufgefordert erfahren, wie eine Äußerung gemeint ist, bleibt uns vielfach nur eine Möglichkeit: Wir müssen fragen. Solange sich unsere **Fragen** auf den Wortlaut beziehen, bleiben wir auf der Sachebene. Das gilt allerdings nur, wenn unser Ton ruhig, eben sachlich, bleibt.

Wenn Sie die folgenden Angriffe laut und mit herabsetzendem Unterton lesen, werden Sie vielleicht spüren, wie es in Ihnen zuckt, sogleich zu widersprechen, sich zu wehren und den Vorwurf zurückzuweisen:

„Bei Ihnen gab es doch laufend Probleme mit der Produktzuverlässigkeit."

„Worauf beziehen Sie sich dabei?"

„Offensichtlich verstehen Sie mich nicht."

„Welchen Teil Ihrer Aussage verstehe ich nicht?"

„Letzte Woche haben Sie das Gegenteil behauptet."

„Was genau habe ich letzte Woche gesagt?"

Sollte der andere – was nur selten vorkommt – unsere Frage ernsthaft beantworten, dann sehen wir uns plötzlich einer echten Kritik
ausgesetzt, mit der wir uns tatsächlich auseinandersetzen müssen,
beispielsweise:

„Letzte Woche haben Sie das Gegenteil behauptet."
„Was genau habe ich letzte Woche gesagt?"
„Sie haben versichert, das Budget für diese Maßnahme sei freigegeben und
wir könnten sofort beginnen. Heute sagen Sie, die Mittel seien noch nicht
bewilligt. Was soll ich nun glauben?"

Sie werden die Erfahrung machen, dass Ihre Fragen eher aus-
weichend beantwortet werden. Entbehrt der Vorwurf einer nach-
prüfbaren Grundlage, bringt die konkrete Frage den Angreifer aus
dem Konzept. Je nach Einsicht, zieht er sich mehr oder weniger
schnell von seinem Angriff zurück.

Wie oft graben sich Kollegen gegenseitig das Wasser ab. Da werden auf einer Besprechung verschiedene Vorgehensweisen erörtert.
Ein Kollege hat sich gründlich vorbereitet und trägt voller Zuversicht seine Ideen vor. Doch mittendrin unterbricht ihn ein älterer
Kollege mit einem jovialen Lächeln und meint:

„Sehr hübsch, was Sie da vorbereitet haben. Ich will Ihnen ja nicht zu nahe
treten, aber damit locken Sie doch keinen Hund hinterm Ofen hervor."

Und plötzlich ist es um die Zuversicht des Mitarbeiters geschehen. Wenn er sich jetzt über diese unqualifizierte Bemerkung
empört, gerät er unter Druck. Prompt fängt er an, den Nutzen
seiner Idee noch einmal zu erklären und zu begründen, was sein
Konzept so reizvoll macht. Leider wird er dabei entdecken, dass
sich der angreifende Kollege lässig zurücklehnt und von Zeit zu
Zeit missbilligend den Kopf schüttelt. Das erhöht seinen Stress
und er redet weiter, wird zunehmend unsicher und fahrig und hat
sich zum Schluss um Kopf und Kragen geredet. Der Angreifer
hat mit einem einzigen dahingeworfenen Satz auf ganzer Linie gewonnen.

Hat unser Mitarbeiter jedoch gelernt, **zunächst** einmal zu **fragen,**
um für seine mögliche Reaktion eine solide Grundlage zu schaffen,
dann hört sich der Angriff vielleicht so an:

„Sehr hübsch, was Sie da vorbereitet haben. Ich will Ihnen ja nicht zu nahe
treten, aber damit locken Sie doch keinen Hund hinterm Ofen hervor."
„Was meinen Sie damit genau?"
„Die Sache hat einfach keinen Biss."
„Was meinen Sie mit ‚keinen Biss'?"
„Das Ganze ist einfach langweilig."
„Was genau finden Sie daran langweilig?"
„Es ist nicht innovativ."
„An welcher Stelle fehlt Ihnen die Innovation?"
„Es ist Schema F, mehr nicht."

Spätestens jetzt ist auch dem letzten in der Runde deutlich geworden, dass dem Vorwurf jegliche Substanz mangelt. In vielen Fällen
zieht sich der Angreifer schmollend zurück, etwa mit den Worten:
„Ich sage jetzt nichts mehr. Machen Sie ruhig weiter." Wir haben
also durchaus Möglichkeiten, den anderen in einer Weise ernst zu
nehmen, die ihm unangenehm wird, wenn seine Einwände nicht
Hand und Fuß haben, weil er auf diese Ernsthaftigkeit nicht vorbereitet ist, zum Beispiel:

„Ich habe Ihre Kritik immer noch nicht verstanden. Ich habe vier mal versucht,
zu ergründen, was Sie an meinem Konzept bemängeln. Bislang habe ich
noch nicht entdecken können, was genau den ‚fehlenden Biss' ausmacht,
bzw. worin mein Vorschlag einem Schema gleicht. Vielleicht kann mir einer
der Kollegen helfen, wie das zu verstehen ist."

Gemäß dem Slogan „Gegen unsere Wertschätzung ist kein Kraut
gewachsen" reagieren viele Angreifer auf unserer Ernsthaftigkeit
höchst irritiert.

> **Indem Sie Ihre persönliche Reaktion zurückstellen, lenken Sie
> die Aufmerksamkeit auf die Verantwortung Ihres Gesprächspart-
> ners. Der andere muss bei dieser Vorgehensweise prüfen, wie Sie
> das, was er eben gerade geäußert hat, wirklich verstehen sollen.**

So beim Wort genommen zu werden, wird den meisten Gesprächs-
partnern vermutlich neu und fremd vorkommen; viele werden sich
geradezu eingeengt fühlen, weil sie plötzlich mit einer Verantwortung für ihr eigenes Sprechen konfrontiert werden, die ihnen im

konventionellen Umgang regelmäßig erspart wird. Unversehens wird es für den Angreifer anstrengend, uns zu attackieren.

Wenn Sie sachlich nachfragen, werden Sie wiederholt entdecken, dass Ihr Gegenüber Wörter verwendet, die Sie komplett anders verstanden haben, als er gemeint hatte. Indem Sie zunächst neutral oder sogar freundlich um eine Erklärung bitten, eröffnen Sie dem anderen eine Chance, dem Ganzen eine Wende zum Guten zu geben. Es kann auch sein, dass Sie erfassen, dass die Äußerung überhaupt nicht als Angriff gemeint gewesen war.

Nach einer längeren Verhandlung reagierte mein Vertragspartner auf mein „letztes Angebot" mit den Worten: „Jetzt reicht es. Der Handel ist aus." Mein erster spontaner Gedanke war: „Mist, jetzt habe ich alles verdorben." Doch dann entschied ich mich, zu prüfen, wie die Aussage gemeint war. „Sie sagen, der Handel sei aus." Zum meinem großen Staunen erwiderte mein Gegenüber: „Ja. Wir haben jetzt lange genug verhandelt. Mehr kommt für uns doch nicht raus. Also, hören wir auf zu handeln. Wir akzeptieren Ihr Angebot."

Viele Angriffe kommen als Behauptung in Form eines Aussagesatzes daher. Streng logisch betrachtet ist eine Aussage wahr oder falsch. Darum beschränken wir unsere Antwort auf:

- Ja. – Nein.
- Stimmt. – Stimmt nicht.
- Richtig. – Falsch.
- Wahr. – Unwahr.

Prompt ist der andere wieder dran, beispielsweise:

„Ihre Ergebnisse sind falsch."
„Nein."
„Doch, natürlich sind sie falsch, das sieht doch ein Blinder."
„Nein."
„Wieso sagen Sie ‚nein'?"
„Ich sage nein, weil Ihre Aussage falsch ist."
„Hören Sie mal, ich erkenne ja wohl noch, was stimmt und was nicht"
„Nein."
„Wieso sagen Sie eigentlich die ganze Zeit nur ‚nein'? Allmählich regen Sie mich auf."
„Ich sage nein, weil Ihre Aussage immer noch falsch ist."
„Also, gut. Dann erklären Sie mir bitte mal, wie Sie zu dem Ergebnis gekommen sind."

Vielleicht haben Sie bereits beim Lesen gemerkt, wie schwer es ist, das „Nein" nicht erklärend fortzuführen.

> **Sie erhöhen die Wirkung Ihres kurzen „Nein" oder „Ja" wenn Sie Ihr Gegenüber anschließend schweigend anblicken. Darin liegt eine geradezu nötigende Aufforderung, bitte weiterzusprechen.**

Damit Sie im sachlichen Reagieren auf Angriffe Routine bekommen, finden Sie im folgenden wieder fünf Übungssätze. Sie können verschiedene Reaktionen nebeneinander setzen, ehe Sie diese mit meinen Antwortvorschlägen vergleichen. Probieren Sie das „Stimmt" oder „Nein" bis hin zur differenzierten Bitte, Ihnen die Bedeutung eines Begriffs oder einzelnen Wortes zu erläutern.

Verdeckte Aussage	Ihre Reaktion
(1) „Sie haben die Strukturen offensichtlich noch nicht durchschaut."	
(2) „Ihre Kleidung entspricht nicht unseren Gepflogenheiten."	
(3) „Sind Sie überhaupt ausreichend qualifiziert?"	
(4) „Das ist der größte Schwachsinn, den ich je gehört habe."	
(5) „Sind Sie blöd oder beschränkt?"	

Meine Antwortvorschläge

(1) „Sie haben die Strukturen offensichtlich noch nicht durchschaut."

Ein kurzes „Falsch" ohne jede weitere Erklärung wirkt hier absurd, doch der Angreifer rechnet ganz gewiss nicht mit einer derart kurzen Reaktion.

Darüber hinaus enthält die Feststellung drei Wörter, die alles andere als eindeutig sind. Hier nachzufragen drängt sich förmlich auf:

„Welche Strukturen meinen Sie genau?"
„Was meinen Sie mit ‚durchschauen'?
„Wem genau ist das offensichtlich?"

Ich will nicht ausschließen, dass dieses sachliche Fragen zu einer Nachhilfe über verdeckte Entscheidungswege führt, die bis dahin tatsächlich nicht durchschaut wurden. Auf jeden Fall wird sich der andere erklären, während unsere Reaktionsmöglichkeiten offen bleiben.

(2) „Ihre Kleidung entspricht nicht unseren Gepflogenheiten."

Auch wenn uns dieser Satz zunächst zusammenzucken lässt, sind wir gut beraten, erst einmal in Erfahrung zu bringen, was denn genau stört.

„Worin weicht meine Kleidung von den Gepflogenheiten ab?"

Mit obigem Satz wurde mir vor vielen Jahren der Zutritt zu einem edlen Restaurant verwehrt. Der Stein des Anstoßes war eine Lederjacke, die ich dankenswerter Weise in der Garderobe gegen ein Sakko wechseln konnte.

(3) „Sind Sie überhaupt ausreichend qualifiziert?"

Natürlich liegt es nahe, mit einem „und ob" zu reagieren und die eigene Qualifikation herauszustreichen. Dann hat uns der Angreifer genau da, wo er uns haben will. Doch zuvor müssen wir prüfen, was er genau in Frage stellt:

„Was verstehen Sie unter ‚qualifiziert'?"
Oder :„Was meinen Sie genau, wenn Sie sagen ‚ausreichend'?"
Oder: „Wie definieren Sie ‚ausreichend qualifiziert'?"

Mit diesem ruhigen Nachfragen erzielen wir noch einen Nebeneffekt: Wie qualifiziert muss jemand sein, der es anscheinend nicht nötig hat, seine Qualifikation zu beweisen?

(4) „Das ist der größte Schwachsinn, den ich je gehört habe."

So ausfallend dieser Angriff kommt, eignet er sich dennoch für eine ruhige Bitte, die Wortbedeutung im Zusammenhang zu erklären.

„Was meinen Sie genau mit ‚Schwachsinn'?"
Oder: „Mit was genau soll ich ‚größter Schwachsinn' in Beziehung setzen?"

Ehe wir eine Beleidigung abwehren, lohnt es sich zu prüfen, ob die Äußerung auch als Beleidigung gemeint war.

(5) „Sind Sie blöd oder beschränkt?"

Wer so fragt, schlägt zu. Es bietet sich an, dem sofort Einhalt zu gebieten. Im Rahmen dieser Übung schlage ich allerdings vor, zu fragen, wie diese Wörter zu verstehen seien.

„Was genau meinen Sie mit den Wörtern ‚blöd' und ‚beschränkt'?"
Oder: „Wie definieren Sie in diesem Zusammenhang ‚blöd' bzw. ‚beschränkt'?"

Sie können davon ausgehen, dass Sie Ihr Gegenüber mit diesen Fragen verwirren. Gedanklich ist der Angreifer ja bereits einen Schritt weiter, er erwartet Ihre Reaktion auf seine Herausforderung und wird unvermittelt auf seine Wortwahl zurückgeworfen, die er nachträglich erläutern soll.

Bei dieser Vorgehensweise kann der Eindruck entstehen, wir würden uns absichtlich dumm stellen. Ich denke, dass wir das riskieren müssen. Wir leben ja auch mit dem Risiko, einen anderen falsch verstanden zu haben, dessen Äußerung uns als Angriff erschien, obgleich sie gar nicht so gemeint war. Mancher Leser mag den Kopf schütteln und mich für einen Träumer halten, wenn ich bei so viel offener Aggression immer noch bemüht bin, den anderen ernst zu nehmen, um zu verstehen, was er mir eigentlich vermitteln will.

Angesichts der vielen Menschen um uns herum, die sich wie der sprichwörtliche Elefant im Porzellanladen benehmen, können wir versuchen, Angriffe, Unfreundlichkeiten und Bevormundungen unter die Rubrik zu fassen: Der andere merkt gar nicht, was er da macht, und er kennt zu seinem Verhalten im Moment keine Alternative.

Diese Haltung mag überheblich wirken. Aber genauso wie wir uns von einem geistig Behinderten nicht beleidigt fühlen, wenn der uns ungefragt duzt, müssen wir auch nicht eingeschnappt reagieren, wenn uns jemand „elefantenmäßig" überfährt. Unsensiblen Menschen fehlt das Gespür für die Wirkung ihrer Worte und Handlungen. Manches wirkt wie eine Frechheit und verletzt uns. In Wirklichkeit ist es nur Unbeholfenheit.

> „Das ist doch nicht dein Ernst, dass du abnehmen willst. Das hast du doch gar nicht nötig. Bei dir sitzt doch alles am richtigen Fleck – nicht zu viel und nicht zu wenig. Na ja, deine Oberschenkel sind vielleicht ein wenig zu dick, aber sonst kannst du doch nicht klagen." Usw.

Immer wieder begegnen wir Menschen, die die wünschenswerte Sensibilität im Umgang mit anderen vermissen lassen. Tag für Tag ist unsere Fähigkeit gefordert, die eigentlichen Absichten des anderen zu hinterfragen.

Denken wir uns in folgende Situation hinein: Sie berichten einem Kollegen von einer ablehnenden Kundenreaktion und überlegen mit ihm, wie Sie sich zukünftig Ihrem Kunden gegenüber verhalten sollen. Zwei Stunden später bekommen Sie zufällig mit, dass dieser Kollege den Vorfall mit dem Kunden beim Vorgesetzten angesprochen hat, ohne mit Ihnen zuvor darüber zu reden.

Vielleicht stellen sich unvermittelt bei Ihnen Gefühle ein wie: enttäuscht, verletzt, hintergangen, übervorteilt und betrogen. Möglicherweise sind sie auch vor den Kopf gestoßen, sprachlos oder einfach platt. Sobald Sie diesen Gefühlen Raum geben, kommt Empörung, Grimm und Zorn hinzu. Von da an ist es nur noch ein kleiner Schritt zu den uns überwältigenden Rachegedanken: „Dem zeig ich's! Na warte! Der wird schon sehen, was er davon hat! Ich kann auch anders!"

Dieses Beispiel zeigt in typischer Weise, wie schnell wir reagieren, ohne im geringsten zu wissen, was den Kollegen bewogen hat, mit dem Vorgesetzten über Ihren Kunden zu sprechen. Wir können nun spekulieren, ob der Kollege sich beim Chef einschmeicheln wollte, Lust hatte, Sie anzuschwärzen oder einfach gedankenlos geplappert hat. Wir wissen es nicht. Wir können aber fragen. Achtung: Fragen – nicht Kritisieren! Es ist ein himmelweiter Unterschied, ob Sie den Kollegen mit den Worten herausfordern:

„Sagen Sie mal, was haben Sie sich eigentlich dabei gedacht, dem Chef brühwarm zu erzählen, was ich Ihnen anvertraut hatte?"

Prompt gerät der Kollege in die Defensive und fängt an, sein Verhalten trotzig zu rechtfertigen. Ganz anders dürfte seine Erwiderung ausfallen, wenn Sie seine Absicht kennen lernen wollen, beispielsweise:

„Ich möchte gern verstehen, was Sie bewegt, mit dem Chef über meinen Kunden zu sprechen."
Oder: „Welches Ziel haben Sie vor Augen, wenn Sie…"
Oder: „Was beabsichtigen Sie, wenn Sie…"

An diesen Formulierungen fällt Ihnen vielleicht zunächst auf, dass nicht nach dem Grund gefragt wird, sondern nach dem **Ziel**. Zwar mag es für das Gespräch des Kollegen mit dem Vorgesetzten einen Grund gegeben haben, aber der liegt in der Vergangenheit und ist nicht mehr änderbar.

> **Wenn Sie nach den Absichten und Zielen fragen, sind Sie vorwärts gerichtet. Die Zukunft können Sie beeinflussen.**
> **Wer nach den Gründen fragt, betreibt Ursachenforschung. Das mag die persönliche Neugier befriedigen, hilft aber im Moment kaum weiter, weil die Vergangenheit nicht mehr zu ändern ist.**

Die drei Beispielantworten sind bewusst in der Gegenwart formuliert, um zu verdeutlichen, dass der Kollege auch nach dem Gespräch mit dem Vorgesetzten immer noch ein Ziel hat. Das gilt es kennen zu lernen. Dabei stoßen wir auf ein spannendes Detail: Wer nach den Gründen für sein Verhalten gefragt wird, kann in der Regel ohne langes Zögern erklären, was ihn bewogen hat, so und nicht anders zu handeln. Wer jedoch nach seinen Zielen, nach seinen Absichten gefragt wird, gerät leicht ins Stocken. Die Frage nach den Absichten unterstellt eine bewusste Entscheidung. Dafür die Verantwortung zu übernehmen, bedeutet eine weit größere Leistung.

Es ist denkbar, dass dem Kollegen gar nicht bewusst ist, was er eigentlich mit seinem Gespräch beim Vorgesetzten erreichen will. Die Frage nach seinem Ziel konfrontiert ihn mit seiner Vorstellung von der Zukunft. Weil sich viele Menschen dabei sehr schwer tun, hören sich solche Gespräche manchmal unbeholfen an.

„Oh, das tut mir leid, wenn Ihnen das unangenehm war."

„Sie möchten damit ja etwas erreichen, sonst hätten Sie ja nicht darüber gesprochen."

„Nein, das hat sich eigentlich mehr zufällig ergeben. Ich dachte, vielleicht können wir Ihnen helfen. Schließlich ist das ja ein wichtiger Kunde."

„Ich verstehe noch nicht, was Sie damit bezwecken."

„Na ja, wir haben überlegt, wie wir diesen Auftrag trotzdem noch retten können."

„Sie haben gemeinsam mit dem Chef nachgedacht, wie Sie bei meinem Kunden den ausstehenden Auftrag in Sicherheit bringen können."

„Ja. Das muss doch auch in Ihrem Sinne sein. Es geht doch um unser aller Zukunft."

Dieses um Verständnis bemühte Vorgehen hat einiges zu Tage befördert. **Gekonntes kontern** zeigt sich darin, dem anderen **bewusst zu machen,** was er da im Grunde macht.

„Um dieses Ziel zu erreichen, haben Sie alleine und direkt mit dem Chef gesprochen und nichts unternommen, mich in dieses Gespräch einzubeziehen. Dadurch entsteht der Eindruck, dass Sie es darauf anlegen, mich auszubooten. Ich weiß nicht, ob Sie das zur Grundlage unserer zukünftigen Beziehung machen wollen."

Dieses offene Ansprechen mag dem Kollegen höchst peinlich sein. Mit einem anderen wertschätzend umzugehen, heißt nicht automatisch, ihm jede Unannehmlichkeit zu ersparen. Die Peinlichkeit liegt ja darin begründet, dass sich der Kollege für sein hinterhältiges Verhalten eigentlich schämt und nun erlebt, dass ihm dafür keinerlei Vorwürfe gemacht werden. Käme er auf die Anklagebank, könnte er sich trotzig wehren und womöglich in die Opferrolle flüchten, nach dem Motto: „Da meine ich es gut, und muss mir dann solche Vorhaltungen machen lassen." Statt dessen werden die ursprünglichen Absichten aufgedeckt und auch noch in einen größeren Zusammenhang (zukünftige Beziehung) gestellt. Wenn der Kollege an einer weiteren Zusammenarbeit interessiert ist, wird er sich ganz schnell etwas einfallen lassen.

Die faszinierende Wirkung dieses Vorgehens wird durch den Umstand gefördert, dass unser Gegenüber überhaupt nicht auf diese Art der Gesprächsführung vorbereitet ist. Da das umschreibende Zuhören und aufdeckende Fragen respektvoll geschieht, gibt es keinen Grund, sich diesem Gespräch vorzeitig zu entziehen. Auf diese Weise kommt sehr viel mehr zu Tage als wir jemals durch Vorwürfe oder andere Formen der Zurechtweisung erreichen könnten.

Wenn wir das Beispiel auf die Spitze treiben, dann hat dieser kurze Dialog eine grundsätzliche Differenz angesprochen. Sollte der Kollege tatsächlich das Ziel haben, den anderen zu verdrängen, dann sind alle weiteren Reaktionen nicht mehr eine Frage von Kontern oder Schlagfertigkeit. Es geht um eine langfristige Perspektive, unter welchen Bedingungen man noch zusammen arbeiten kann. Wer der Feindschaft des Kollegen offen ins Auge blickt, braucht nicht auf Rachegedanken zu setzen, sondern benötigt seinen Verstand für eine Entscheidung hinsichtlich seiner eigenen Zukunft.

Zusammenfassung

Wenn Sie ausschließlich auf den Sachaspekt einer Feststellung eingehen wollen, konzentrieren Sie sich auf die kurzen Aussagen der Logik:

- Ja. – Nein.
- Stimmt. – Stimmt nicht.
- Richtig. – Falsch.
- Wahr. – Unwahr.

Verzichten Sie auf jede weitere Erklärung. Schauen Sie Ihr Gegenüber schweigend an. Darauf ist der andere wieder dran.

Wenn Sie den anderen fragen, wie ein Wort, das er verwendet hat, gemeint sei, erhalten Sie zusätzliche Informationen, die Ihre Grundlage für eine angemessene Reaktion verbreitern.

- „Was meinen Sie genau mit...?"
- „Wie definieren Sie...?"
- „Was verstehen Sie unter...?"
- „Was bedeutet für Sie in diesem Zusammenhang...?"

Wenn Sie sich mit den Zielen Ihres Gegenübers beschäftigen fragen Sie

- „Was wollen Sie damit erreichen?"
- „Was versprechen Sie sich davon?"
- „Worauf soll das abzielen?"
- „Welchen Gewinn erhoffen Sie sich davon?"
- „Welches Ziel haben Sie vor Augen, wenn Sie... machen?"
- „Was beabsichtigen Sie, wenn Sie so handeln?"
- „Was bewegt Sie,... zu tun?"
- „Was bezwecken Sie damit?"
- „Was streben Sie mit... an?"
- „Worauf legen Sie es an, wenn Sie... machen?"

Diese zehn Beispielformulierungen mögen Ihnen helfen, hartnäckig am Ball zu bleiben. Erfahrungsgemäß werden Sie mehrfach nachfragen müssen, bis Stück für Stück die eigentlichen Absichten Ihres Gesprächspartners erkennbar werden.

6. Die vier Reaktionsmöglichkeiten im Vergleich

Vielleicht sind Sie verwirrt, ob der vielen Möglichkeiten, die Ihnen offen stehen, um Angriffe souverän zu entschärfen. Verwirrt, weil Sie sich fragen, wann man denn am besten mit welcher Reaktion aufwarten soll.

Vergleichen wir zunächst, was mitschwingt und worauf es ankommt:

Aufforderung

Klären des unausgesprochenen Wunsches, der stets mitschwingt.
Betonung liegt auf **„Du willst..."**

„Du möchtest gern, dass..."
„Dir ist wichtig, dass..."
„Sie erwarten, dass..."
„Sie wollen verhindern, dass..."

Selbstaussage

Sich einfühlen in die Situation des anderen und ansprechen seiner Gefühlslage.
Betonung liegt auf **„Du fühlst dich..."**

Du empfindest das als..."
„Du fühlst dich..."
„Das macht Sie ganz..."
„Ihnen geht das..."

Beziehung

Aufdecken, wie man sich gerade behandelt fühlt, wie der Umgang erlebt wird.
Betonung liegt auf **„Du behandelst mich..."**

„Du hältst mich für..."
„Für dich bin ich..."

„In Ihren Augen bin ich…"
„Sie behandeln mich gerade wie…"

Sachinhalt

Eingehen auf die Tatsachen, die sich nur aus dem Wortlaut ergeben.

Betonung liegt auf **„Du sagst…"**

„Ja." – „Nein."
„Stimmt."
„Was meinst du mit…"
„Was verstehst du unter…"
„Wie definieren Sie…"

Ganz gleich für welche der vier Möglichkeiten Sie sich jeweils entscheiden, Sie erreichen, dass sich Ihr Gegenüber erklärt und Ihnen zusätzliche Informationen gibt. Sie werden dabei entdecken, dass Vieles, was bei Ihnen als Angriff ankam, im Verlaufe Ihres wertschätzenden Klärens wie von selbst seinen Stachel verliert. Entweder war es gar nicht als Angriff gemeint, oder der andere spürt, dass es für ihn von Vorteil ist einzulenken, und zwar rechtzeitig, ohne Gesichtsverlust. Sobald Sie erfasst haben, worauf der andere mit seinem Angriff hinaus will, können Sie entscheiden, wie Sie reagieren wollen. Manchmal wird die Lust überwiegen, es dem anderen mit gleicher Münze heimzuzahlen; ein anderes Mal werden Sie anders reagieren, weil es unter Ihrem Niveau ist, sich darauf einzulassen.

In diesem Zusammenhang möchte ich Ihnen die Erfahrung von vielen meiner Seminarteilnehmer berichten: Diese teilen geradezu enttäuscht mit, dass sie ihre frisch erworbene Fähigkeit gekonnt zu kontern nur noch sehr selten unter Beweis stellen können, weil sie mittlerweile kaum noch angegriffen werden. Zum einem machen Angreifer die Erfahrung, dass ihre Attacken ins Leere laufen, zum anderen spüren sie die souveräne Sicherheit. Das kühlt bei manchem endgültig den Mut.

Es gibt eine Gruppe von Angriffen, die sich unter der Überschrift zusammen fassen lassen: **Austesten, wie weit man gehen kann.** Diese Sorte Angriff zielt darauf, die Grenzen zu erfassen bzw. auszudehnen. Gerade in Beziehungen, die neu entstehen, ist es verständlich, dass die Beteiligten herausfinden möchten, welchen Spielraum sie haben.

Sie erinnern sich noch an Ihre Kindheit. Zu Schuljahrsbeginn testet jede Klasse die neuen Lehrkräfte, nach dem Motto:

- Wie viel lässt er oder sie sich bieten?
- Wie viel Spaß versteht er oder sie?
- Welche Regeln müssen wirklich eingehalten werden?
- Was kann ich mir gerade noch leisten?
- Ab wann wird es ernst oder gefährlich?

Aber auch langjährige Beziehungen werden immer wieder einer Grenzüberprüfung unterzogen. Sei es, dass sich die Rahmendaten ändern, sei es dass das Selbstbewusstsein zunimmt, stets wird das vorhandene Gleichgewicht neu austariert. Auch wenn manche pubertäre Aktion vor den Kopf stößt, steckt dahinter lediglich das Bemühen, herauszufinden, wo die Grenzen wirklich liegen.

„Du hast doch überhaupt keine Ahnung."
„Mit dir gehe ich nicht ins Kino, du bist mir zu alt."
„Ist mir doch egal."
„Immer musst du alles besser wissen."
Oder rotzfrech: „Bla, bla, bla."

Bei Verhandlungen lässt sich häufig beobachten, dass eine Seite mit einem groben Angriff startet. Nehmen wir als typisches Beispiel den Einstiegssatz eines Kunden: „Wieviel Prozent? Wenn ich weniger als 12 % bekomme, gehe ich wieder."

Sobald wir uns klar machen, wozu derartige Ausfälle dienen, sind wir nicht nur innerlich auf verletzende Grobheiten gefasst, sondern bleiben auch gelassen. Diese Gelassenheit erwächst uns aus der Sicherheit, auch Gemeinheiten souverän entschärfen zu können. Darum haben wir es auch nicht nötig, den anderen zurechtzuweisen oder anderweitig sein Gesicht verlieren zu lassen.

Verkäufer: „Wir verkaufen keine Prozente, wir verkaufen Autos."
Will der Verkäufer jedoch dem Kunden im wahrsten Sinne des Wortes entgegen kommen, formuliert er den mitschwingenden Wunsch:
„Sie sind auf der Suche nach dem bestmöglichen Angebot."
Oder antonym: „Sie wollen verhindern, zu viel zu bezahlen."
Unversehens verlagert sich das Gespräch von der Frage nach den Prozenten zum Produkt selbst.

Um die Vielfalt unserer Reaktionsmöglichkeiten beim gekonnten Kontern noch besser kennen zu lernen, nehme ich als Beispiel eine Verhandlung, die wochenlang gründlich vorbereitet wurde. Mit allen erforderlichen Daten bestens ausgerüstet, trifft unser Verhandlungspartner auf sein Gegenüber, der ihn mit hochgezogenen Augenbrauen mustert und – statt ihm die Hand zu geben – äußert:

„Schade, ich dachte, es würde jemand Kompetentes kommen."

Wer sich jetzt angegriffen fühlt und seine Qualifikation herausstreicht, hat verloren. Wenn wir jedoch gedanklich darauf vorbereitet sind, dass zu Verhandlungsbeginn die andere Seite austestet, wie weit sie gehen kann, bekommt die Aussage genauso viel Gewicht, wie eine Bitte, zu Beginn die Spielregeln festzulegen.

Friedemann Schulz von Thun hatte die Idee, dass wir eine Nachricht eigentlich mit vier Ohren empfangen. Seine Anatomie einer Nachricht habe ich aufgegriffen, und um die Möglichkeiten erweitert, reflektierend darauf einzugehen.

Mit unserem **Aufforderungsohr** erfassen wir, dass sich der Verhandlungsparter wünscht, es wäre jemand anderes gekommen, was uns zu der Reaktion führt:

„Sie hatten jemand anderes erwartet."
Oder ganz direkt: „Sie möchen lieber mit jemand anderem verhandeln."
Oder antonym: „Sie wollen jetzt nicht mit mir verhandeln."

Vielleicht fragen Sie sich besorgt, wie Sie reagieren sollen, falls der andere tatsächlich „ja" sagt. Wenn unser Gesprächspartner nicht will, dann will er nicht. Da können wir nichts ausrichten. Je schneller wir das erfahren, umso mehr Zeit läßt sich sparen. Aber die Erfahrung lehrt, dass dem „Ja" bzw. „Nein" stets unaufgefordert eine Erklärung nachgeschoben wird. Diese Zusatzinformation zum besseren Verständnis kann uns helfen, den Satz neu einzuordnen und entsprechend zu reagieren. Es macht ja einen Unterschied, ob die Reaktion so ausfällt:

„Ja, beim Volumen unseres Vertrages bin ich in der Tat überrascht, dass keiner Ihrer Prokuristen gekommen ist. Oder haben Sie mittlerweile Prokura?"
Oder so:
„Ja, als Geschäftsführer bin ich es nicht gewohnt, mit jemandem zu verhandeln, der nicht auf meiner Stufe steht."

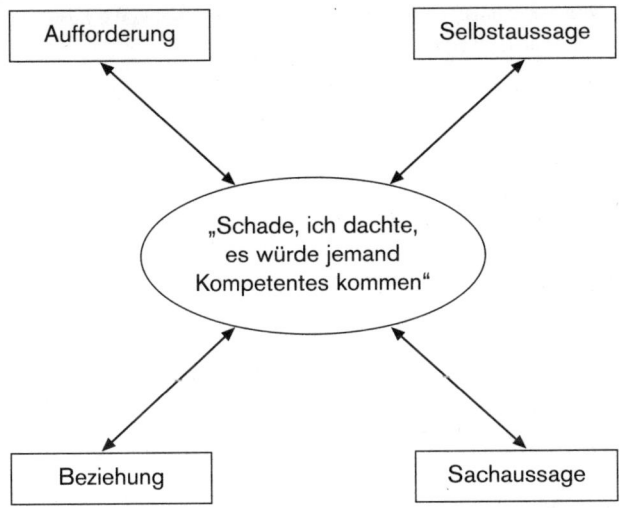

Dieser letzte Satz zeigt wieder einmal, dass hinter einem Angriff eigentlich nur eine unterschiedliche Einschätzung der Situation vorliegt.

Auf der Ebene der **Selbstaussage** können wir je nach Tonfall Erstaunen, Enttäuschung oder Missfallen heraushören. Warum nicht einfach diese Stimmung ansprechen?

Neutral: „Sie klingen überrascht."
Oder: „Sie sind enttäuscht."
Oder auch: „Das scheint Ihnen zu missfallen."

Je ruhiger wir dies feststellen, um so überzeugender wirkt unsere Einfühlung. Das ist zwar eine gute Möglichkeit eine Provokation souverän zu entschärfen, aber hartgesottene Angreifer legen unter Umständen noch herausfordernder nach:

„Ja klar, missfällt mir das. Für Spielereien ist mir meine Zeit zu schade. Ich habe heute noch mehr auf der Agenda als diese Verhandlung."

Prompt meldet sich unser Aufforderungsohr, so dass wir auf diesen mitschwingenden Wunsch ernsthaft eingehen können:

„Dann ist Ihnen sehr daran gelegen, dass wir möglichst rasch zu einem zufriedenstellenden Ergebnis kommen."

Genauso denkbar ist aber auch, dass wir die Beziehung ansprechen:

„Sie können sich nicht vorstellen, mir mir ernsthaft zu verhandeln."

Wollen wir jedoch weiterhin auf die mitschwingende Selbstaussage eingehen, könnten wir erwidern:

„Angesichts Ihres Zeitplans ist Ihnen unklar, wie zielführend unsere Verhandlung wird."

An diesem Beispiel lässt sich zeigen, dass wir nicht auf ein Ohr festgelegt sind, sondern situationsabhängig reagieren. Allen Reaktionen ist gemeinsam, dass die Aufmerksamkeit des anderen – trotz seiner Ausfälle – auf die zu gestaltende Zukunft gelegt wird.

Unser **Beziehungsohr** hat natürlich längst diesen Satz gefiltert nach dem Motto: „Wie redet der eigentlich mit mir? Wen glaubt er denn vor sich zu haben?" Wir können die verdeckte Beziehungsdefinition ansprechen, beispielsweise:

„Sie halten mich hier für fehl am Platz."
Oder: „Sie trauen mir diese Verhandlung nicht zu."
Oder: „In Ihren Augen bin ich hierfür nicht qualifiziert genug."

Hat der andere ernsthafte Vorbehalte gegen uns oder Zweifel an unserer Kompetenz, dann werden wir diese jetzt erfahren. Damit müssen wir uns auseinandersetzen:

„Nehmen Sie es mir nicht übel, Herr Abel, aber Sie sind meines Wissens Jurist. Wir sollten heute auch über einige verfahrenstechnische Aspekte sprechen, da wären mir Ihre Leute von der Entwicklung lieber."

Sollte jedoch dieser Angriff dem **Grenzen austesten** dienen, wird unser Gesprächspartner überrascht sein, dass wir die Beziehungsfrage so offen zum Thema machen.

Eine meiner Seminarteilnehmerinnen litt jahrelang darunter, dass ihr als Diplom-Ingenieurin immer wieder die Qualifikation abgesprochen wurde. Vorzugsweise männliche Kunden baten darum, mit „jemand Kompetentem" sprechen zu können. Alle ihre Bemühungen führten stets in die gleiche Sackgasse:

„Ich möchte gern mit jemand Kompetentem sprechen."
„Ich bin kompetent. Ich habe das schließlich studiert."
„Ist ja gut, junge Dame, aber ich brauche da jemand mit Erfahrung."
„Die habe ich auch. Ich mache diesen Job schon seit zehn Jahren."
„Oh Entschuldigung, ich wollte Ihnen nicht zu nahe treten. Aber in meinem Fall
brauche ich jemand, der logisch analysieren kann und mit kühlem Kopf an
die Sache geht." Usw.

Sie schrieb mir erleichtert, wie einfach es doch sei, sich der Beziehungsfrage zu stellen. Mittlerweile hat sie sich angewöhnt, auf Kundenzweifel so zu reagieren:

„Ich möchte gern mit jemand Kompetentem sprechen."
„Sie halten mich nicht für qualifiziert."
„Wieso? Kennen Sie sich da auch aus? Sie sehen noch so jung aus."
„Ich weiß nicht, ob Ihnen zehn Jahre Erfahrung reichen."
„Ach so. Ja, also mein Problem ist Folgendes:..."

Sie fügte hinzu, dass es Kunden gebe, die ihr gestehen, sich nicht vorstellen zu können, von einer Frau beraten zu werden. Da sie das nicht persönlich nimmt, fühlt sie sich auch nicht angegriffen.

Schließlich erlaubt uns das **Sachohr,** zunächst zu prüfen, was dieser Satz eigentlich bedeuten soll.

„Was meinen Sie mit ‚jemand Kompetentes'?"

Auch hier kann die Klärung dazu führen, dass wir erfahren, was den anderen zu seiner Äußerung gebracht hat, zum Beispiel:

„Nun, auf unserer Seite stellen wir Frau Dr. Fuchs, die Leiterin unserer Produktion, Dr. Hase, unseren Marketingleiter, unsere Chef-Controllerin Frau Wolf und Herrn Bär aus der Rechtsabteilung, und Sie kommen lediglich zu zweit."

Will unser Verhandlungspartner jedoch austeilen, wird er die Gelegenheit beim Schopfe packen und noch eins drauflegen:

„Fragen Sie doch nicht so scheinheilig."

Dieser Mensch setzt auf Kampf. Warum nicht? Den einen reizt es, nun aggressiv zu kontern, beispielsweise:

„Na, sehr kompetent scheinen Sie ja nicht zu sein, sonst hätten Sie es nicht nötig, sich hier so aufzuführen."

Oder anklagend: „Wenn Sie schlechte Laune haben, brauchen Sie diese nicht an mir auszulassen."
Oder bemüht höflich: „In dem Ton möchte ich nicht mit mir reden lassen."

Wer den längeren Atem und die besseren Nerven hat, wird bei diesem Schlagabtausch siegen. Dabei gilt zu beachten:

Wer zurückschlägt, nimmt seinem Gegenüber die so genannte Beißhemmung. Der Angreifer fühlt sich prompt im Recht, mit doppelter Stärke auszuteilen.

Wer jedoch seine vier Ohren auf Empfang gerichtet hat, hört die Selbstaussage des Angreifers und geht darauf ein, z. B:

„Fragen Sie doch nicht so scheinheilig."
„Sie haben den Eindruck, ich nehme Sie nicht genügend ernst."

Natürlich kann der andere weiterhin austeilen. **Gekonntes Kontern** ist keine Garantie für „Friede-Freude-Eierkuchen". Menschen legen jedoch in der Regel großen Wert darauf, ernst genommen und respektiert zu werden. Sie schneiden sich ins eigene Fleisch, wenn sie weiterhin Gift verspritzen, obgleich sie bereits am Ziel ihres Wunsches nach Achtung und Anerkennung angekommen sind.

Einige Leser schütteln vielleicht unwillig den Kopf, weil sie immer noch nicht wissen, welche Reaktion denn nun die beste ist, um auf diese Äußerung angemessen zu kontern. Möglicherweise sind Sie enttäuscht, wenn ich sage, dass es keine „goldene Lösung" gibt. Mit welchem Ohr Sie reagieren, hängt zunächst einmal von Ihrem persönlichen Stil und Ihren Vorlieben ab. Zum anderen wird Ihre Reaktion auch durch Ihr aktuelles Bedürfnis geprägt. Wenn Sie darauf aus sind, dem anderen zu vermitteln, wie er Sie gerade behandelt, liegt es nahe, die Beziehung zu klären. In einer anderen Situation spüren Sie eher die Enttäuschung und den Unwillen beim anderen, so dass Sie mühelos auf die mitschwingende Selbstaussage eingehen. Und wieder ein anderes Mal drängt sich der mitschwingende Wunsch vor, so dass sie diesen zum Thema machen.

In längeren Gesprächen bleibt es leider vielfach nicht bei einem einzelnen Angriff. Wir müssen immer damit rechen, dass unser Gegenüber trotz unseres wertschätzenden Klärens noch ein weiteres Mal grob austeilt. Je vertrauter Sie mit diesen vier Reaktionsmöglichkeiten sind, um so flexibler werden Sie mit Ihren verschiedenen Ohren hören und je nach Erfordernis darauf eingehen.

Wie geläufig Ihnen bereits das Hören mit vier Ohren ist, können Sie nun ausprobieren. Sie finden hier wieder fünf Beispiele, die sich als Provokation deuten lassen. Schreiben Sie zunächst auf, was für Sie in der jeweiligen Aussage mitschwingt, ehe Sie sich um eine konkrete Erwiderung bemühen.

(1) Ein Kunde äußert sich zum Preis: „Das müssen Sie mir erst einmal beweisen, dass da nicht noch Spielraum drin ist."

Aufforderung:
- Was möchte der Kunde erreichen?
- Mögliche Reaktion:

Selbstaussage:
- Wie geht es dem Kunden?
- Mögliche Reaktion:

Beziehung:
- Für wen hält der Kunde Sie?
- Mögliche Reaktion:

Sache:
- Welche Tatsachen werden festgestellt?
- Mögliche Reaktion:

---

(2) Vorgesetzter zu seinem Mitarbeiter: „Können Sie nicht etwas schneller arbeiten."

Aufforderung:
• Was möchte der Vorgesetzte erreichen?
• Mögliche Reaktion:

Selbstaussage:
• Wie geht es dem Vorgesetzten?
• Mögliche Reaktion:

Beziehung:
• Für wen hält der Vorgesetzte Sie?
• Mögliche Reaktion:

Sache:
• Welche Tatsachen werden festgestellt
• Mögliche Reaktion:

---

(3) Älterer Kollege bemerkt, dass Ihnen ein Fehler unterlaufen ist: „Vielleicht sollten Sie ab und zu Ihr Hirn einschalten."

Aufforderung:
• Was möchte der Kollege erreichen?
• Mögliche Reaktion:

Selbstaussage:
• Wie geht es dem Kollegen?
• Mögliche Reaktion:

Beziehung:
• Für wen hält der Kollege Sie?
• Mögliche Reaktion:

Sache:
• Welche Tatsachen werden festgestellt
• Mögliche Reaktion:

---

(4) Frau zu ihrem Mann (wegen eines Versäumnisses): „Möglicherweise lernst du gelegentlich, mal besser zuzuhören."

Aufforderung:
- Was möchte die Frau erreichen?
- Mögliche Reaktion:

Selbstaussage:
- Wie geht es der Frau
- Mögliche Reaktion:

Beziehung:
- Für wen hält die Frau Sie?
- Mögliche Reaktion:

Sache:
- Welche Tatsachen werden festgestellt
- Mögliche Reaktion:

(5) Mann zu seiner Frau: „Halt du dich da raus, du kannst doch überhaupt nicht mitreden."

Aufforderung:
- Was möchte der Mann erreichen?
- Mögliche Reaktion:

Selbstaussage:
- Wie geht es dem Mann?
- Mögliche Reaktion:

Beziehung:
- Für wen hält der Mann Sie?
- Mögliche Reaktion:

Sache:
- Welche Tatsachen werden festgestellt?
- Mögliche Reaktion:

(1) Ein Kunde äußert sich zum Preis: „Das müssen Sie mir erst einmal beweisen, dass da nicht noch Spielraum drin ist."

Aufforderung

- Was möchte der Kunde erreichen?
  - Der Verkäufer soll seinen Preis verteidigen und sich genau dadurch angreifbar machen.
  - Der Kunde hofft auf einen niedrigeren Preis.
  - Der Kunde verspricht sich von seinem Vorgehen einen Nachlass oder Rabatt.
  - Der Kunde möchte verhindern, zu teuer zu kaufen oder positiv: Er möchte den preisgünstigsten Abschluss erzielen.
- Mögliche Reaktion:

„Sie möchten, dass ich den Preis rechtfertige." Nur den Wunsch ansprechen, ohne den Preis zu begründen!
Oder: „Sie erwarten, dass ich den Preis nach unten korrigiere."
Oder antonym: „Sie wollen verhindern, zu viel zu bezahlen."

Selbstaussage

- Wie geht es dem Kunden?
  Der Kunde ist unsicher und zweifelt. Er macht sich Sorgen, womöglich zu viel zu bezahlen. Gleichzeitig scheint er sich stark genug zu fühlen, den Verkäufer angriffslustig zu provozieren.
- Mögliche Reaktion:

„Sie sind besorgt, zu viel zu bezahlen."
Oder: „Sie sind unsicher, ob der Preis wirklich fair ist."

Beziehung

- Wofür hält der Kunde Sie?
  - Der Kunde hält Sie nicht für glaubwürdig, er misstraut Ihnen.
  - Der Kunde zweifelt am Preis und damit an Ihrer Rechtschaffenheit.
  - Der Kunde hält Sie für unaufrichtig.
- Mögliche Reaktion:

„Sie zweifeln an meiner Aufrichtigkeit."
Oder direkt: „Wie müsste ein Beweis aussehen, den Sie mir abnehmen?
Oder ganz offensiv: „Sie befürchten, dass ich Sie über den Tisch ziehe."

Sachinhalt

- Welche Tatsachen werden festgestellt?
  Die Rechtfertigung des Preises ist beweisbar. Es gibt einen Spielraum.
- Mögliche Reaktion:

„Was meinen Sie mit ‚beweisen'?"
„Wie sieht ein bewiesener Preis aus?"
„Was genau verstehen Sie unter ‚Spielraum'?"

(2) Vorgesetzter zu seinem Mitarbeiter: „Können Sie nicht etwas schneller arbeiten."

Aufforderung

- Was möchte der Vorgesetzte erreichen?
  Der Mitarbeiter soll sich beeilen und zwar nicht nur jetzt sondern überhaupt.
- Mögliche Reaktion:

„Ich soll mich mehr anstrengen."
Oder: „Sie erwarten mehr Einsatz von mir."
Oder antonym: „Sie wollen vermeiden, dass ich trödele."

Selbstaussage

- Wie geht es dem Vorgesetzten?
  Der Vorgesetzte ist unzufrieden, ungeduldig und gereizt.
- Mögliche Reaktion:

„Es stört Sie, dass ich noch nicht fertig bin."
Oder: „Sie sind beunruhigt, ob ich rechtzeitig fertig werde."
Oder salopp: „Das nervt Sie, wenn ich nur so langsam vorankomme."

Beziehung

- Wofür hält der Vorgesetzte Sie?
  – Der Vorgesetzte hält Sie für einen Trödler.
  – In seinen Augen sind Sie nicht loyal und zuverlässig.
- Mögliche Reaktion:

„Ich strenge mich in Ihren Augen zu wenig an."
Oder: „Sie halten mich für träge und faul."

Sachinhalt

- Welche Tatsachen werden festgestellt?
  - Eine bestimmte Arbeit kann schneller erledigt werden.
  - Das für den anderen zu langsame Arbeiten ist wiederholt vorgekommen.
- Mögliche Reaktion:

„Wie schnell ist für Sie ‚etwas schneller'?"

(3) Älterer Kollege bemerkt, dass Ihnen ein Fehler unterlaufen ist: „Vielleicht sollten Sie ab und zu Ihr Hirn einschalten."

Aufforderung

- Was möchte der Kollege erreichen?
  Mit diese Aufforderung soll ja nicht erreicht werden, dass Sie zukünftig sorgfältiger arbeiten, sondern dass Sie sich jetzt minderwertig fühlen. Trotzdem können Sie die Aufforderung wörtlich nehmen.
- Mögliche Reaktion:

„Sie wollen erreichen, dass ich in Zukunft erst denke und dann handle."
Oder Sie sprechen den hinterhältigen Ton an: „Sie möchten gern, dass ich mich jetzt schlecht fühlen soll."
Oder unser Standardspruch: „Und jetzt möchten Sie gern wissen, wie ich reagiere."

Selbstaussage

- Wie geht es dem Kollegen?
  Der Kollege hält sich für über jeden Zweifel erhaben. Er möchte Sie seine Überlegenheit spüren lassen. Vielleicht ist er auch verärgert, dass solche Fehler vorkommen.
- Mögliche Reaktion:

„Sie klingen ungewöhnlich gehässig."
Oder: „Sie fühlen sich da eindeutig überlegen."
Vielleicht aber auch: „Sie hören sich gereizt an, dass mir das jetzt passiert ist."

Beziehung

- Wofür hält der Kollege Sie?
  In den Augen des Kollegen sind Sie ein Trottel. Er selbst schließt aus, dass ihm ein derartiger Fehler jemals unterlaufen würde.

- Mögliche Reaktion:
  Die ruhige Übertreibung einer abfälligen Äußerung nimmt dieser die Spitze:

„Sie wollen mir gerade aufzeigen, für wie bescheuert Sie mich halten."
Oder: „In Ihren Augen bin ich ein Versager."
Oder: „Sie halten mich für hirnverbrannt."

Sachinhalt

- Welche Tatsachen werden festgestellt?
  Es wird vom Gehirn gesprochen und dass es einschaltbar sei.
- Mögliche Reaktion:

Bei blöden Kommentaren wirkt das kurze „Ja.", „Stimmt." oder „Fürwahr."
„Wie meinen Sie ‚einschalten'?"
„Wie oft ist für Sie ‚ab und zu'?"

(4) Frau zu ihrem Mann (wegen eines Versäumnisses): „Möglicherweise lernst du gelegentlich, mal besser zuzuhören."

Aufforderung

- Was möchte die Frau erreichen?
  - Vordergründig geht es um besseres Zuhören.
  - Dahinter dürfte der Wunsch stehen, dass der Mann ausführen soll, was sie gesagt hat bzw. dass er sensibler mit ihren Wünschen umgeht.
- Mögliche Reaktion:

„Du möchtest gern, dass ich besser aufpasse, wenn du mit mir redest."
Oder: „Du willst, dass ich gewissenhafter auf das eingehe, was du sagst.
Oder antonym: „Du möchtest verhindern, dich ständig zu wiederholen."

Selbstaussage

- Wie geht es der Frau?
  - Die Frau ist unzufrieden und gereizt.
  - Sie fühlt sich vermutlich unverstanden und ist deswegen unwirsch.
- Mögliche Reaktion:

„Du klingst ärgerlich."
Oder: „Du bist enttäuscht, dass ich das vergessen habe."
Oder noch offensiver: „Du wirkst sauer und missmutig."

Beziehung

- Wofür hält die Frau ihren Mann?
  - Es liegt auf der Hand, dass er für vergesslich gehalten wird.
  - In der Anklage steckt aber noch mehr: Vielleicht der Vorwurf der Gleichgültigkeit oder der mangelnden Wertschätzung ihr gegenüber.
- Mögliche Reaktion:

„Du hältst mich für vergesslich und desinteressiert."
Oder: „In deinen Augen bin ich zu gleichgültig."
Oder offensiv: „Du wirfst mir vor, nicht ernst genug zu nehmen, worum du mich bittest."

Sachinhalt

- Welche Tatsachen werden festgestellt?
  Es geht ums Zuhörens. Um dessen Häufigkeit und Qualität.
- Mögliche Reaktion:

Wie wäre es mit einem entwaffnenden: „Ja." Bzw. „Stimmt."?
Oder: „Was meinst du genau mit ‚besser zuhören'?"
Oder frech: „Wie dringend ist es dir damit, wenn du sagst ‚gelegentlich'?"

(5) Mann zu seiner Frau: „Halt du dich da raus, du kannst doch überhaupt nicht mitreden."

Aufforderung

- Was möchte der Mann erreichen?
  Vodergründig geht es ums Mund halten. Aber mit diesem Angriff soll auch etwas verhindert werden, beispielsweise, dass die Frau ihm die Pointe stiehlt oder sich blamiert. Wer weiß?
- Mögliche Reaktion:

„Du willst erreichen, dass ich dazu schweige." Auch wenn er genau das will, erst jetzt ist es offen ausgesprochen, und er muss sich entscheiden, ob er genau so dazu stehen will.
Oder: „Du willst verhindern, dass ich meinen Senf dazu gebe."
Oder konfrontierend: „Du möchtest vermeiden, dass meine Sicht dazu bekannt wird."

Selbstaussage

- Wie geht es dem Mann?

Der unfreundliche Ton deutet darauf hin, dass er angespannt ist. Vielleicht ist er verzweifelt bemüht, über etwas die Kontrolle zu bewahren.

- Mögliche Reaktion:

„Das stinkt dir, wenn ich etwas dazu äußere."
Oder: „Du kannst das überhaupt nicht ab, wenn ich mich da einmische."
Oder noch ein wenig tiefer führend: „Du fühlst dich da nicht respektiert, wenn ich mich da nicht raushalte."

Beziehung

- Wofür hält der Mann seine Frau?
  Sein respektloser Satz zeigt deutlich, wie wenig er gerade von seiner Frau hält. In seinen Augen ist sie unqualifiziert und im Moment überflüssig.
- Mögliche Reaktion:

„Du hältst mich da für inkompetent."
„In deinen Augen bin ich nicht befugt, etwas beizusteuern."

Sachinhalt

- Welche Tatsachen werden festgestellt?
  Es geht ums Raushalten und um die fehlende Ahnung.
- Mögliche Reaktion:
  Ein kurzes „Nein" oder jede weitere Erklärung wirkt verwirrend und führt gewissermaßen zu Suchbewegungen beim Mann. Wie ist dieses „Nein" zu verstehen und worauf bezieht es sich? Schon ist das Muster von Angriff und Verteidigung durchbrochen.

Oder: „Welche Punkte meinst du genau, bei denen ich mich raushalten soll?"
Oder: „Wie viel Ahnung muss ich haben, um mitreden zu dürfen?"

Vielleicht haben Sie bei einigen meiner Formulierungsvorschläge den Kopf geschüttelt und für sich gedacht: „So würde ich niemals antworten. Damit lade ich den anderen womöglich ein, noch heftiger auszuteilen." Ich kann gut nachvollziehen, wenn Sie sich vor Angriffen schützen wollen und Sorge haben, nur alles noch schlimmer zu machen. Zunächst einmal möchte ich Sie unterstützen, Formulierungen, die Ihnen riskant erscheinen, entschieden abzulehnen. Solange Sie zweifeln, ob eine Erwiderung die gewünschte

Wirkung erzielt, werden Sie sich wenig überzeugend anhören. Das merkt der andere sofort und fühlt sich prompt bemüßigt noch einmal nachzulegen. In der Konsequenz bestätigt sich Ihre Ahnung, dass derartige Erwiderungen zum Schiffbruch führen. Bei der genauen Analyse können wir feststellen, dass einem derart halbherzigen Versuch zwei Grundvoraussetzungen fehlen: Zum einen mangelt es am **Sich-selbst-ernst-nehmen.** Wie können wir erwarten, von einem anderen ernst genommen zu werden, wenn wir zeigen, dass wir selbst gerade am Erfolg unseres Handelns zweifeln. Zum anderen fehlt es am Bemühen, **den anderen wirklich ernst zu nehmen.**

> **Der Dreh- und Angelpunkt Ihres Erfolges ist das Ausmaß an Wertschätzung, das Sie einem anderen entgegenzubringen bereit sind.**

So verschieden Menschen sind und so unterschiedlich sie sich ihr Leben eingerichtet haben, letztlich trachten alle danach, anerkannt zu werden. Auch der Angreifer hält sein Vorgehen für zielführend. Den einen erfüllt eine gelungene Attacke mit Genugtuung, der andere amüsiert sich über den Schreck oder die Sprachlosigkeit seines Gegenübers und manche genießen es, sich auf Kosten anderer lustig zu machen.

Eine ganz andere Möglichkeit, zu dieser Anerkennung beizutragen, besteht darin, Menschen Wertschätzung entgegenzubringen, ehe sie dafür aktiv werden müssen, indem sie einfach nur ernst genommen und beachtet werden.

Sie können selbst überprüfen, wie groß Ihre Kooperationsbereitschaft, Ihr Entgegenkommen, Ihr Einlenken oder Ihre Großzügigkeit ist, wenn Sie sich wohlfühlen, weil Sie sich beachtet und respektiert fühlen.

Beantworten Sie aber auch die umgekehrte Frage: wie gering ist Ihre Bereitschaft zur Zusammenarbeit, wie penibel, ja geradezu pedantisch können Sie sein, wenn Sie sich fürchterlich unwohl fühlen. Unwohl, weil Sie spüren, wie wenig Sie ernst genommen werden, wie geringschätzig und respektlos mit Ihnen umgegangen wird. Von dieser Seite wird noch einmal deutlich, wohin Gesichtsverlust führen kann.

Zusammenfassung

Da es nicht die eine, richtige Reaktion gibt, entscheiden Sie in der Situation, was für Sie gerade stimmig ist. Dabei kann es Ihnen helfen, einige Versatzstücke oder sogar ganze Sätze vorformuliert bereit zu halten.

Aufforderung:

- „Sie möchten gern, dass ich ..."
- „Du willst vermeiden, dass ..."
- „Und jetzt sind Sie gespannt, wie ich reagiere."

Selbstaussage:

- „Ihnen geht das gegen den Strich."
- „Das macht Sie ganz ..."
- „Du bist jetzt ..."

Beziehung:

- „Für Sie bin ich ein ..."
- „Sie halten mich für ..."
- „In deinen Augen bin ich ..."

Sache:

- „Ja." – „Nein." – „Stimmt." Usw.
- „Was meinen Sie mit ...?"
- „Was verstehst du unter ...?"

7. Unerwartete Reaktionen

Unsere Reaktionsfähigkeit ist nicht nur bei Angriffen gefordert. Manchmal sind wir auch sprachlos, weil wir auf eine freundliche Äußerung mit einer Reaktion konfrontiert werden, mit der wir überhaupt nicht gerechnet haben. Ein anderes Mal sehen wir uns plötzlich indiskreten, ja unverschämten Fragen ausgesetzt oder müssen uns mit ungebetenen Ratschlägen auseinandersetzen, die eher wie Kritik wirken. In der darauf einsetzenden Sprachlosigkeit wird die Reaktion des anderen häufig als Angriff empfunden. Ich bezweifle, ob das wirklich so gemeint war. Zur Verdeutlichung will ich dies an einem Beispiel ausführen: Mir wurde von zahlreichen Vorgesetzten berichtet, wie schwer sie sich tun, einem Mitarbeiter zu danken. Warum?

Da fiel einem Abteilungsleiter auf dem morgendlichen Weg zur Arbeit voller Schreck ein, dass er am Vortag vergessen hatte, eine wichtige Terminangelegenheit in den Postausgang zu legen. Zum Glück hatte sich seine Mitarbeiterin noch nach Dienstschluss des Vorgangs angenommen. Der Vorgesetzte möchte sich bei ihr bedanken und sagt:

„Frau Kühn, besten Dank, dass Sie die Sache Brettschneider erledigt haben!"
„Dafür kann ich mir jetzt auch nichts kaufen."

Der Vorgesetzte war von der Äußerung so vor den Kopf gestoßen, dass ihm keine Erwiderung einfiel und er nur wortlos das Büro verließ. Er versicherte mir aber, dass er sich mit Sicherheit so schnell nicht wieder bedanken werde. Seine Kollegen ergänzten, dass sie Ähnliches auch schon erlebt hätten und ebenfalls auf einen Dank verzichten, um nicht mit plötzlichen Forderungen konfrontiert zu werden. Ein junger Geschäftsführer sah meinen erstaunten Blick und fragte: „Würden Sie sich etwa bei Ihrer Frau bedanken, wenn die Ihnen einen Gefallen getan hat? – Das kostet doch gleich einen Pelzmantel." Das beifällige Nicken einiger Kollegen ließ mich die

Runde bitten, einmal zusammen zu tragen, was Ihnen nach einem Dank schon alles an den Kopf geworfen wurde:

„Ein Scheck wäre mir lieber."
„Wie wäre es denn mal mit einer Gehaltserhöhung?"
„Was ist Ihnen denn mein Einsatz Wert?"
„Ein Strauß Blumen hätte wenigstens drin sein können."
„Was bekomme ich dafür?"
„Na, du machst es dir aber einfach."
„Das kostet noch eine Runde."
„Du kannst dir ja mal was Nettes überlegen."
„Eine Hand wäscht die andere."
„Und nun?" in Verbindung mit einem fordernden Blick.

Die Sorge, mit derartigen Erwiderungen nicht angemessen umgehen zu können, lässt viele Menschen von vornherein schweigen. So betrachtet, ergibt sich der fehlende Dank aus Sorge vor der möglichen Sprachlosigkeit und drückt nicht zwangsläufig Unhöflichkeit und mangelnden Respekt aus.

Ich möchte an dieser Stelle erläutern, warum ein standardisiertes „Danke" derart grobe Reaktionen provoziert. Wer einem anderen einen Gefallen tut oder sich gar in besonderer Weise engagiert, fühlt sich unter Umständen brüskiert, wenn dieser Einsatz mit einem lakonischen Dankeschön abgegolten wird. Der Vorgesetzte bekam im Seminar Gelegenheit, seinen unbeholfenen Dank zu präzisieren. Nach mehreren Anläufen hörte sich das dann so an:

„Frau Kuhn, ich bin erleichtert, dass Sie sich gestern Abend noch um meine Post gekümmert haben. Ich hatte die Geschichte mit Brettschneider völlig aus den Augen verloren. Danke, dass Sie daran gedacht haben."

Die Teilnehmer waren sich einig, dass es der Mitarbeiterin schwerer fallen dürfte, auf diesen Satz ebenso provozierend zu reagieren. Die Runde ergänzte das differenzierte Danken um weitere Einstiegsformulierungen, mit denen wirklich anerkannt wird, was der andere besonderes bewirkt:

• „Ich bin beruhigt, dass Sie sich um XY kümmern."
• „Mit Ihrem XY entlasten Sie mich ganz außerordentlich."
• „Sie sind genau im richtigen Moment beigesprungen."

- „Ihr Einsatz befreit mich von einer großen Sorge."
- „Ich bin froh, mich auf Sie verlassen zu können, dass entspannt die Situation sehr."

Eine differenzierte Anerkennung ist keine Garantie für eine freundliche Erwiderung. Darum müssen wir uns in diesem Zusammenhang überlegen, wie sich vermeiden lässt, sprachlos da zu stehen. Statt generell auf ein Danke zu verzichten, bietet es sich an, **gekonntes Kontern** zu üben. Wer seine vier Ohren gewohnheitsmäßig gespitzt hat, kann flexibel reagieren.

- Auf der Ebene der mitschwingenden **Aufforderung:**

„Sie möchten mehr erreichen."
Oder: „Sie erwarten eine nachhaltigere Anerkennung."
Oder vertiefend: Sie wünschen sich, dass ich mich ernsthafter mit Ihrem Einsatz befasse."
Oder antonym: „Sie wollen verhindern, dass ich einfach so zur Tagesordnung übergehe."
Ebenfalls antonym: „Ihnen ist es nicht recht, wenn ich mich bedanke."
Vielleicht greift der Vorgesetzte auch zum immer passenden Rettungsanker: „Und nun möchten Sie wissen, wie ich darauf reagiere."

- Auf der Ebene der mitschwingenden **Selbstaussage:**

„Sie sind enttäuscht."
Oder: „Sie hatten mehr (etwas anderes) erwartet."
Oder: „Sie klingen unzufrieden."
Oder: „Irgend etwas verdrießt Sie."
Oder vielleicht auch: „Sie fühlen sich ausgenutzt."

- Auf der Ebene der mitschwingenden **Beziehung:**

„Sie halten mich für undankbar."
Oder: „In Ihren Augen mache ich es mir zu einfach."
Oder: „Das stört Sie, von mir so behandelt zu werden."
Oder vertiefend: „Sie zweifeln an meiner Fairness Ihnen gegenüber."

- Auf der Ebene der **sachlichen Mitteilung** wird die Mitarbeiterin aufgefordert, noch klarer zu erläutern, was sie mit ihrem Satz eigentlich gemeint hat.

Da die jeweiligen Äußerungen jedoch kurz und einfach waren, würde ein Nachfragen maßregelnd wirken. Darum soll zunächst ein ruhiges „Ja" dazu beitragen, dass sich der andere spontan verstanden fühlt. Wenn Sie danach ein einzelnes Wort oder den ganzen Satz unbetont wiederholen und daraufhin den anderen schweigend anschauen, fordern Sie indirekt zum Weitersprechen auf.

„Ja. – Gehaltserhöhung."
„Ja. – Sie sagen, ‚ich mache es mir einfach'."
„Ja. – Du sprichst von ‚Blumen'."
„Ja. – Du fragst, was du dafür bekommst."

Ein Seminarteilnehmer sagte mir dazu: „Es wäre ja schön, wenn ich eines Tages so fit bin, in der Art zu reagieren. Aber erst einmal habe ich ein Blackout, mir fällt vor lautet Überraschung nichts ein." Genau hier liegt bereits der Schlüssel zur Lösung: Wir sind erstaunt, aber wir zeigen nicht unsere Verwunderung, geschweige denn, dass wir sie direkt ansprechen.

Der Rettungsanker für plötzliche Verwirrung ist das ruhige Aussprechen:

- „Sie überraschen mich."
- „Was Sie sagen, verwirrt mich."
- „Das erstaunt mich."
- „Das macht mich stutzig."
- „Das verwundert mich."
- „Jetzt bin ich verdutzt."
- „Du verblüffst mich."
- „Das macht mich sprachlos."
- „Das macht mich platt."

Sie erzielen mit diesen Sätzen drei Effekte: Zum einen werden Sie gefasster, zum anderen wird der andere indirekt aufgefordert, sich zu erklären. Aber der eigentliche Kniff bei diesem Vorgehen besteht darin, dass Sie die **Spontaneität** beenden. Sowohl Ihre eigene – es gibt ja keine bewusste Überraschung – als auch die des anderen.

Sie stoppen das spontane Handeln Ihres Gegenübers, wenn Sie ihm bewusst machten, was er gerade getan oder geäußert hat.
Es gibt keine bewusste Spontaneität. Der andere muss sich entscheiden, was er weiterhin will.

Der Satz „Dafür kann ich mir nichts kaufen" mag spontan hingeworfen sein. Sobald jedoch mitgeteilt wird, was dieser Satz bewirkt, dringt er ins Bewusstsein. Das fordernde Verhalten kann fortgesetzt werden, aber eben nicht mehr spontan. Vergleichen wir die Möglichkeiten und lassen den Vorgesetzten zunächst einmal sich typisch verteidigend reagieren:

„Dafür kann ich mir nichts kaufen."

„Aber Frau Kühn, was wollen Sie denn von mir."

„Sie wissen doch, wie oft ich Überstunden mache, Arbeit mit nach Hause nehme und dafür sorge, dass alles termingenau klappt. Das könnte sich auch mal im Gehalt niederschlagen."

„Liebe Frau Kühn, Sie kennen sich doch aus. Gehaltsanpassungen erfolgen immer in Verbindung mit dem Beurteilungsgespräch im November. Zwischendrin kann ich wirklich nichts machen."

„Ach nee. Und wie war das bei Herrn Neukomm?" Usw.

Jetzt hat der Vorgesetzte den „schwarzen Peter" und muss zusehen, wie er sich aus dieser misslichen Lage befreit. Wie könnte sich das Gespräch statt dessen entwickeln?

„Dafür kann ich mir nichts kaufen."

„Das verwirrt mich jetzt."

„Na ja, ich würde es gut finden, wenn wir mal über mein Gehalt reden könnten."

„In Ordnung. Sie möchten gern ein Gehaltsgespräch. Da sollten wir gleich ein Termin vereinbaren und uns beide entsprechend vorbereiten."

Mancher Vorgesetzte verdreht jetzt seine Augen und denkt: „Also habe ich doch dieses Gespräch über mehr Geld am Hals." Richtig, das lässt sich auch auf Dauer kaum vermeiden. Wenn die Mitarbeiterin mit ihrer Bezahlung unzufrieden ist, bricht das früher oder später hervor. Im Unterschied zum ersten Gespräch hat der Vorgesetzte nicht nur sein Gesicht, sondern auch das der Mitarbeiterin gewahrt. Da sich beide auf das Gespräch über die Entlohnung gründlich vorbereiten können, ist der Ausgang noch völlig offen.

Ob etwas als Beleidigung beabsichtigt war, oder lediglich eine besondere Form von Humor ausdrücken soll, wissen wir nicht. Was wie Bosheit klingt, drückt oft nur aus, dass die Zunge schneller ist, als der Verstand.

„Sie haben das Feingespür einer Dampfwalze."
„Selten habe ich soviel Unsinn auf einem Haufen gehört."
„Ach, Sie sind Hausfrau."
„Typisch Mann!"

Wer sich von diesen Äußerungen provozieren lässt, bekommt unversehens einen schnippischen Ton („Und? Stört es Sie?"). Schnell gibt ein Wort das andere. Am Ende haben wir einen Sieger und einen Verlierer.

Unser **Standardspruch** mag uns helfen, die innere Ruhe zu bewahren und dem anderen die Gelegenheit zu geben, sich noch etwas genauer zu erklären.

„Sie haben das Feingespür einer Dampfwalze."
„Ihre Äußerung überrascht mich."

„Selten habe ich soviel Unsinn auf einem Haufen gehört."
„Das erstaunt mich."

„Ach, Sie sind Hausfrau."
„Sie verwundern mich."

„Typisch Mann!"
„Du verdutzt mich."

Will der andere uns tatsächlich kränken, können wir immer noch entscheiden, ob wir zurückschlagen oder weiterhin wertschätzend bleiben wollen. **Wir bestimmen, wie es weiter geht!**

Die schon erwähnten **indiskreten Fragen** können uns ebenfalls irritieren. Unvermittelt sehen wir uns in die Enge getrieben und sollen zu persönlichen oder gar intimen Dingen Rede und Antwort stehen.

Auf eine indiskrete Frage können Sie gekonnt kontern, wenn Sie das Frage-Antwort-Schema durchbrechen und sich davon freimachen, die Frage inhaltlich zu beantworten.

Wir wissen nicht, ob es der andere darauf abgesehen hat, uns vorzuführen oder lediglich kein Taktgefühl besitzt. Ich stoße immer häufiger auf Menschen, die sich die distanzlosen Fragen zweifelhafter Talkmaster zum Vorbild nehmen, und den Mangel an Gespür für die übliche zwischenmenschliche Distanz mit Echtheit und Nähe verwechseln.

„Was verdienen Sie eigentlich?"
„Welche Charaktereigenschaften lehnen Sie an sich ab?"
„Macht Ihnen Ihre Arbeit keinen Spaß?"
„Sie sind blond. Soll ich langsamer reden?"
„Wie oft bist du schon fremd gegangen?"

Statt nach einer schlagfertigen Antwort zu suchen, hilft auch hier unser Standard-Rettungsanker, mit dem wir uns treu bleiben, den anderen ernst nehmen und doch nichts aussagen.

„Was verdienen Sie eigentlich?"
„Ihre Frage erstaunt mich."

„Welche Charaktereigenschaften lehnen Sie an sich ab?"
„Ihre Frage macht mich stutzig."

„Macht Ihnen Ihre Arbeit keinen Spaß?"
„Sie überraschen mich."

„Sie sind blond. Soll ich langsamer reden?"
„Ihr Angebot verwundert mich."

„Wie oft bist du schon fremd gegangen?"
„Deine Frage verdutzt mich."

Wer noch einen Funken Taktgefühl hat, macht einen eleganten Schwenk und leitet das Gespräch woanders hin, oder erklärt, was ihn zu dieser Frage bewogen hat. Dann ist sie allerdings ernst gemeint und kann von uns auch entsprechend beantwortet werden. – Aber es gibt Menschen, die penetrant weiterbohren und frech zurückfragen:

„Wieso? Was erstaunt Sie daran?"

Je nach Ihrer inneren Gelassenheit geben Sie dem anderen noch eine weitere Chance und erwidern respektvoll und ehrlich:

„Ich empfinde Ihre Frage als ungewöhnlich. Bislang habe ich noch nicht erfahren, wofür Sie meine Antwort benötigen."
Oder: „Ihre Frage fällt für mich aus dem üblichen Rahmen. Ich habe noch nicht erfasst, worauf Sie hinauswollen."
Oder: „Wenn mein Erstaunen Sie gar nicht überrascht, dann empfinden Sie Ihre Frage wahrscheinlich auch nicht als distanzlos."

Nun ist der andere dran, sich zu erklären. Dabei werden Sie entdecken, dass diese Form respektvollen Umgangs immer noch ein ernstes und interessantes Gespräch zulässt. Solange beide Seiten ihr Gesicht wahren, vergibt sich keiner etwas, „normal" miteinander umzugehen.

> **Das Muster für diese Erwiderung lautet:**
> **Ich will Ihre Frage gern beantworten und Sie sind bitte so freundlich, mir zu erklären, worauf Sie hinauswollen.**

Nach diesem Prinzip sind Sie bereits mit Ihrer ersten wertschätzenden Erwiderung in eine Vorleistung getreten. Nun ist es am anderen, mit ebensolcher Achtung zu reagieren. Gelingt ihm das, entsteht ein tatsächliches Gespräch. Gelingt es ihm nicht, gibt es keine Veranlassung, die Frage zu beantworten oder noch weitere Vorleistungen zu erbringen.

Eine andere Möglichkeit, den Frager ernst zu nehmen, besteht darin, die Frage auf der **Sachebene** begrifflich einzugrenzen:

„Was verdienen Sie eigentlich?"

„Meinen Sie das Verdienen im übertragenen Sinne oder geldlich? Falls letzteres, welchen Bereich des Verdienens meinen Sie genau?"

„Welche Charaktereigenschaften lehnen Sie an sich ab?"

„Der Begriff der Charaktereigenschaften ist ja sehr dehnbar. Sie können mir bestimmt sagen, worauf Sie genau hinaus wollen."

„Macht Ihnen Ihre Arbeit keinen Spaß?"

„Über welchen Aufgabenkreis meiner Arbeit soll ich Auskunft geben?"

„Sie sind blond. Soll ich langsamer reden?"

„Welchen Zusammenhang gibt es da für Sie?"

„Wie oft bist du schon fremd gegangen?"

„Welche Details meines Lebens interessieren dich genau?

Diese sachliche Eingrenzung hilft Ihnen allerdings nur, wenn Sie willens sind, sich mit der Frage ernsthaft auseinander zu setzen. Sobald Ihr Gegenüber erklärt hat, was er eigentlich will, sind Sie im wahrsten Sinne des Wortes gefragt.

„Was verdienen Sie eigentlich?"

„Meinen Sie ‚verdienen' im übertragenen Sinne oder geldlich? Falls letzteres, welchen Bereich des Verdienens meinen Sie genau?"

„Oh Entschuldigung. Sie müssen mir jetzt nicht Ihren Kontostand verraten. Ich habe Sie nur in den letzten Monaten sehr häufig im Garten gesehen und mir überlegt, ob man eigentlich vom Bücherschreiben so gut leben kann." Auf diese Frage ernsthaft einzugehen, dürfte nun nicht mehr schwer fallen.

Ein weiterer Bereich, der uns wie Angriff oder Kritik vorkommen kann, sind die vielen **ungebetenen Ratschläge.** Völlig unvorbereitet wird uns Hilfe angeboten, die vordergründig freundlich daher kommt und doch unterschwellig zu verstehen gibt, dass der andere Zweifel an unserer Kompetenz hat.

Wer anderen unaufgefordert einen Ratschlag gibt, mag dies aus Freundlichkeit und Hilfsbereitschaft tun. Gleichzeitig kann der Empfänger heraushören, dass ihm wenig Kompetenz bei der Bewältigung seiner Probleme zugetraut wird. Oder dass ihm unterstellt wird, aus eigenen Stücken kaum zu einer passablen Lösung zu kommen. Prompt fühlt er sich „falsch" behandelt. Wir müssen ja ehrlicherweise zugeben, dass wir einem Menschen, den wir für kompetent halten, keine Ratschläge, geschweige denn Belehrungen erteilen. Würden Sie beispielsweise einem Taxifahrer Anregungen zu seinem Fahrverhalten erteilen? Die unterschwellige Botschaft der ungebetenen Empfehlung lautet: „Ich überblicke Ihre Situation besser als Sie, und ich traue Ihnen nicht zu, allein klar zu kommen."

> Das Hauptanliegen bei ratschlagenden Auseinandersetzungen scheint häufig darin zu bestehen, den anderen so zu ändern, dass dieser einem ins Konzept passt. Einen anderen ändern zu wollen, heißt aber auch, ihn so, wie er ist, nicht akzeptieren zu können. Dies führt zum Gefühl, abgelehnt bzw. so nicht respektiert zu werden.

Wie reagieren Sie bei den folgenden Beispielen? Vielleicht haben Sie Lust, jeweils eine konventionelle und eine wertschätzende Antwort zu entwickeln und sich zu überlegen, wie das Gespräch jeweils weitergehen könnte.

Verdeckter Angriff	Ihre Reaktion
(1) Sie fahren konzentriert im dichten Berufsverkehr und bekommen von ihrem Beifahrer gesagt: „Wenn du einen Gang höher schaltest, schonst du den Motor und verbrauchst weniger Benzin."	
(2) Sie schreiben gerade einen Bericht. Da schaut Ihnen ein Kollege über die Schulter und äußert: „Warum schreibst du nicht in Word? Das geht doch viel schneller."	
(3) Während einer Familienfeier sind Sie bemüht, Ihr schreiendes Kleinkind zu beruhigen. Da meint Ihre Mutter: „Vielleicht braucht das Kind mal etwas Richtiges zu essen oder eine saubere Windel."	
(4) Sie sind glücklich, Ihr letztes Fasten durchgehalten zu haben. Da rät Ihnen eine Freundin: „Bei der AOK gibt es doch jetzt die Pfundskur. Wäre das nichts für dich?"	
(5) Einen Tag vor einer wichtigen Prüfung spricht Sie ein Freund mit den Worten an: „An deiner Stelle würde ich mir noch das Buch von Zabel besorgen, das kommt unter Umständen dran."	

Vielleicht haben Sie bereits beim Lesen über soviel Bevormundung innerlich gestöhnt. Und doch müssen wir uns klar machen, dass diese ungebetenen Ratschläge alles andere als böse oder belehrend gemeint sind. Fragen wir nämlich nach, bekommen wir prompt zur Antwort: „Aber ich meine es doch nur gut." Mit anderen Worten: Der Ratgeber merkt gar nicht, wie seine Empfehlungen ankommen.

Die ungebetenen Ratschläge scheinen vordergründig ein Bemühen um Lösungsmöglichkeiten, also um Hilfe für den Gesprächspartner zu sein. Doch im tieferen Sinne wird durch dieses Verhalten die eigene Schlagfertigkeit, Kompetenz, Lebenserfahrung, eben Überlegenheit demonstriert, was im Gegenüber zum Gefühl der Unterlegenheit führen kann. Für die meisten Menschen ist ein **verdeckter Beziehungskampf** die gängige Antwort. Wird er direkt ausgetragen, klingt der Ton meist unfreundlich und patzig. Vielfach mündet er aber auch in entsprechende Rachegedanken, im Sinne von: „Na warte, dir zeig ich's!"

Im Folgenden haben Sie Gelegenheit, Ihre Antworten mit meinen Vorschlägen zu vergleichen.

(1) Sie fahren konzentriert im dichten Berufsverkehr und bekommen von ihrem Beifahrer gesagt: „Wenn du einen Gang höher schaltest, schonst du den Motor und verbrauchst weniger Benzin."

Sie kennen bestimmt Reaktionen wie die folgenden:

„Fährst du, oder fahre ich?
Oder: „Du kannst ja aussteigen, wenn es dir nicht passt."
Oder: „Ist das dein Auto (Geld)?"

Von nun an herrscht „dicke Luft" im Auto. Aber es geht ja zum Glück auch anders. Wir können dem anderen einfach nur bewusst machen, was er da gerade macht.

„Deine Belehrung überrascht mich."
„Wieso? Stört es dich, wenn ich etwas sage?"
„Ich weiß nicht, was du damit erreichen willst."
„Verflixt. Ich kann als Beifahrer einfach nicht meinen Mund halten. Nimm es mir bitte nicht übel." Usw.

Wir können dem Beifahrer aber auch Gelegenheit geben, sich differenzierter zu äußern.

„Dir liegt daran, dass ich besonnener fahre." **Aufforderung**
Oder: „Du möchtest verhindern, dass ich das Auto ruiniere." Gerade mit der
Übertreibung („ruiniere") zeigen Sie Ihre innere Gelassenheit. **Aufforderung**

„Das muss nervig für dich sein, wenn du erlebst, dass ich ganz anders Auto
fahre als du." **Selbstaussage**
Oder: „Es fällt dir gerade schwer, meinen Fahrstil unkommentiert zu lassen."
Selbstaussage

„Du hältst nicht viel von meiner Fahrweise." **Beziehung**
Oder: „Du gehst wahrscheinlich davon aus, dass ich mich über deine Ratschläge freue." **Beziehung**

(2) Sie schreiben gerade einen Bericht. Da schaut Ihnen ein Kollege über die Schulter und äußert: „Warum schreibst du nicht in
Word? Das geht doch viel schneller."

Selbst wenn der Vorschlag gut ist, weil einem die Word-Idee gar
nicht in den Sinn kam, fällt es vielen schwer, diese ungebetene An-
regung anzunehmen. Die gängigen Reaktionen führen schnell zur
Eskalation:

„Halt dich doch bitte mal raus!"
Oder: „Habe ich dich gefragt?"
Oder: „Für wie doof hältst du mich eigentlich?"

Vergleichen wir die Reaktionen gemäß unseren vier Ohren:

„Du möchtest mich gern unterstützen." **Aufforderung**
Oder: „Du willst vermeiden, dass ich mich unnötig abmühe." **Aufforderung**

„Du bist entsetzt, mich so arbeiten zu sehen." **Selbstaussage**
Oder: „Dich stört das, wenn ich es anders mache." **Selbstaussage**

„Du hältst mich für beschränkt." **Beziehung**
Oder: „In deinen Augen bekomme ich das allein nicht hin." **Beziehung**

Sie werden vielleicht bei der einen oder anderen Formulierung
den Kopf schütteln. Manches wirkt steif und aufgesetzt, so psycho-
logisch. Ich stimme Ihnen zu. Es kommt auf unser Ziel an. Hat
uns dieser Kollege schon wiederholt mit seinen ungebetenen Ratschlägen genervt, wird es Zeit, die Beziehung zu klären. Ich ziehe
eine steife und aufgesetzte Reaktion dem stillen Ärger über den
Kollegen vor.

(3) Während einer Familienfeier sind Sie bemüht, Ihr schreiendes Kleinkind zu beruhigen. Da meint Ihre Mutter: „Vielleicht braucht das Kind mal etwas Richtiges zu essen oder eine saubere Windel."

In dieser ohnehin angespannten Situation liegt es nahe, der Bevormundung sofort Einhalt zu gebieten, etwa:

„Als ob ich das nicht selbst am besten beurteilen kann."
Oder: „Als ich so alt war, hast du dich nicht so viel um mich gekümmert."
Oder: „Es ist deiner geschätzten Aufmerksamkeit entgangen, dass das Kind gerade gestillt wurde. Falls du es wissen willst, es hat auch eine frische Windel. Sonst noch was?"

Natürlich passt auch hier der Satz: „Dein Ratschlag überrascht mich." Aber wir können noch mehr erreichen:

„Du möchtest mir gern helfen." **Aufforderung**
Oder: „Du willst verhindern, dass Deinem Enkel etwas zustößt." **Aufforderung**
„Du machst Dir Sorgen." **Selbstaussage**
Oder: „Du kannst das ganz schlecht mit anhören, wie sie schreit." **Selbstaussage**
„Du traust mir das nicht recht zu." **Beziehung**
Oder: „Du hältst mich für eine Rabenmutter (Rabenvater)." **Beziehung**
„Was meinst du genau mit ‚etwas Richtiges'? **Sache**
„Du betonst so das Wort ‚mal'." **Sache**

Wer es wirklich wohlwollend gemeint hat, stört sich nicht an dieser klärenden Fortsetzung. Wer eigentlich kritisieren wollte, merkt, dass die Kritik ins Leere läuft.

(4) Sie sind glücklich, Ihr letztes Fasten durchgehalten zu haben. Da rät Ihnen eine Freundin: „Bei der AOK gibt es doch jetzt die Pfundskur. Wäre das nichts für dich?"

Es gibt Bemerkungen, die können einem bis ins Mark treffen. Unterstellen wir dem anderen hässliche Absichten, entwickelt sich rasch ein Streit:

„Ich dachte, das wäre eigentlich etwas für dich."
Oder: „Guck du dich doch mal gelegentlich im Spiegel an."
Oder: „Das musst ausgerechnet du sagen."

Selbst wenn die Freundin sticheln wollte, sind wir nicht gezwungen aggressiv zu reagieren. Solange wir aber noch gar nicht wissen, was diesem Ratschlag zugrunde liegt, vergeben wir uns nichts, erst einmal mehr zu erfahren. Neben unserem Standardspruch („Dein Tipp überrascht mich.") können wir wieder unsere Ohren spitzen:

„Du willst mir zu einer besseren Figur verhelfen." **Aufforderung**
Oder: „Du möchtest verhindern, dass ich aus dem Leim gehe." **Aufforderung**

„Du machst dir Sorgen um meine Figur." **Selbstaussage**
Oder: „Du bist über mein unkontrolliertes Fasten beunruhigt" **Selbstaussage**

„Du traust mir das nicht zu, das allein in den Griff zu kriegen." **Beziehung**
Oder: „In deinen Augen brauche ich fremde Hilfe." **Beziehung**

(5) Einen Tag vor einer wichtigen Prüfung spricht Sie ein Freund mit den Worten an: „An deiner Stelle würde ich mir noch das Buch von Zabel besorgen, das kommt unter Umständen dran."

Mir fällt auf, dass Menschen, die gern Ratschläge verteilen, nur wenig Gespür für die momentane Befindlichkeit ihres Gegenübers haben. Obgleich sie dabei oft schroff zurückgewiesen werden, hindert sie das nicht in ihrem missionarischen Eifer.

„Deine schlauen Ratschläge kannst du dir sparen. Jetzt ist es zu spät."
„Komm mir doch nicht mit so etwas!"
„Glaubst du allen Ernstes, dass ich heute noch losziehe, mir dieses Buch zu besorgen?"

Derartiges Kontra ändert bei unsensiblen Menschen leider wenig. Wer sich angegriffen fühlt, sucht gewohnheitsmäßig sein Glück in der Verteidigung. Das ist eine ausgesprochen schlechte Ausgangslage, um sich selbstkritisch mit den erteilten Ratschlägen zu befassen. Vielleicht können wir zur Reflexion anregen, wenn wir zunächst einmal klären, wie der Satz bei uns ankam.

„Du willst erreichen, dass ich optimal vorbereitet bin." **Aufforderung**
Oder: „Du willst verhindern, dass ich bei Zabel passen muss." **Aufforderung**

„Du machst dir Sorgen über meine Prüfung." **Selbstaussage**
„Oder: Du zerbrichst dir den Kopf, was ich noch benötigen könnte." **Selbstaussage**

„Du bezweifelst, dass ich an alles gedacht habe." **Beziehung**
Oder: „In deinen Augen bin ich nicht bestmöglich vorbereitet." **Beziehung**

Sobald Sie Ihrem Gesprächspartner bewusst machen, dass er Sie rat-schlägt, können Sie beobachten, dass er seinen Ratschlag in der Regel zurücknimmt, ja sich entschuldigt und hinzufügt, dass das Ganze so nicht gemeint gewesen sei.

Es gibt noch einen weiteren Bereich, bei dem es Sinn macht, die Spontaneität des anderen zu stoppen: Wenn Behauptungen in den Raum gestellt werden, ohne dass diese auch nur ansatzweise untermauert werden.

„Ihre Zahlen stimmen nicht."
„Ihr Unterricht ist uninteressant und langweilig."
„Die Fakten sprechen gegen Sie."
„Was Sie da vorschlagen, funktioniert in der Praxis niemals."
„Offensichtlich übersteigt das deine Auffassungsgabe."

Es ist weit verbreitet, sich dadurch zu wehren, dass man Gegenbehauptungen aufstellt oder versucht, den anderen zu verunsichern, indem man seine Aussagen in Zweifel zieht.

„Doch" – „Und ob!"
„Wie kommen Sie denn darauf?"
„Im Gegenteil, ich sage Ihnen wie es wirklich ist."
„Seien Sie sich mal nicht so sicher."
„Das glaubst du doch selbst nicht."

Statt uns in einem unproduktiven Machtkampf zu verausgaben, können wir das benennen, was dem anderen selbstverständlich ist, nämlich seine **Sicherheit.** Dadurch erfährt ein spontanes, also unwillkürliches Verhalten, Beachtung. Die Natürlichkeit geht verloren. Lenken Sie dazu die Aufmerksamkeit des anderen auf seine **Gewissheit:**

„Ihre Zahlen stimmen nicht."
„Mich überrascht, dass Sie sich absolut sicher zu sein scheinen."

„Ihr Unterricht ist uninteressant und langweilig."
„Sie äußern das mit ungewöhnlicher Sicherheit."

„Die Fakten sprechen gegen Sie."
„Sie scheinen über jeden Zweifel erhaben zu sein."

„Was Sie da vorschlagen, funktioniert in der Praxis niemals."
„Sie sind sich auf ungewöhnliche Weise Ihrer Sache gewiss."

„Offensichtlich übersteigt das deine Auffassungsgabe."
„Deine Sicherheit erstaunt mich."

Der andere beginnt augenblicklich nachzudenken und wird unsicher, was sich in der typischen Frage ausdrückt: „Wieso?"

Manchmal reicht es, die Gewissheit Ihres Gegenübers allein dadurch zu reduzieren, dass Sie – wie besprochen – lediglich Ihrem Erstaunen Ausdruck verleihen, beispielsweise:

„Das überrascht mich."
„Sie erstaunen mich."
„Das macht mich stutzig."

So bestätigend diese Äußerungen auf den ersten Eindruck wirken, so sehr tragen sie letztlich zur Verunsicherung bei. Aufgrund von Erfahrung rechnet Ihr Gegenüber mit Einwänden und Widerspruch. Statt dessen wird ihm seine Sicherheit zweifelsfrei bestätigt, und das führt paradoxerweise gerade zu **Zweifeln.**

Sie können das selbst leicht testen: Denken Sie an irgend etwas, an das Sie fest glauben, das für Sie eine hohe Sicherheit hat, vielleicht sogar zweifelsfrei gilt. Sobald Sie sich fragen, was Sie eigentlich so sicher macht und darüber nachdenken, woher Sie diese Sicherheit nehmen, kommen Sie ins Grübeln und flugs stellen sich Zweifel ein.

Alle hier besprochenen Reaktionsmöglichkeiten zielen darauf ab, den Gesprächspartner zum weiteren Sprechen aufzufordern. Zeigt sich, dass der andere Ihnen gar nicht böse gesonnen ist, werden Sie erleichtert sein, nicht aus Versehen Öl ins Feuer gegossen zu haben. Stellt sich jedoch heraus, dass der andere durchaus vor hat, Sie anzugreifen, werden Sie entdecken, dass die meisten Angreifer spätestens nach der zweiten Erwiderung aus dem Konzept geraten.

Das erklärt sich aus unserem Denken in Mustern:

- Angriff – Verteidigung
- Vorwurf – Rechtfertigung
- Frage – Antwort

Der Angreifer hat in der Regel lediglich seinen ersten Angriffssatz gegenwärtig. Er rechnet mit der Verteidigung, die ihm neuen Stoff für weitere Angriffe gibt. Bleibt die Verteidigung aus, fehlt es gewissermaßen am Nachschub für weitere Ausfälle. Auch das

Vorwurfsmuster läuft ins Leere, wenn die Rechtfertigung ausbleibt. Ebenso neigt der Frager dazu, seine nächsten Fragen aus der erwarteten Antwort abzuleiten. Bleiben diese Reaktionen aus, wird ein ungleich höherer intellektueller Aufwand benötigt, um den Angriff fortzusetzen. Nun durchbrechen wir das Muster nicht nur, indem wir schweigen – was immerhin eine unerwartete Reaktion darstellt. Statt dessen kehren wir die Erwartungen auf den Kopf, wenn dem Angreifer freundlich und respektvoll der Spiegel vorgehalten wird. Unvermittelt muss sich dieser Rechenschaft ablegen, was er eigentlich will. Er muss eine Entscheidung treffen, wie es nun – bewusst! – weitergehen soll. Nach meiner Erfahrung haben nur wenige Menschen den langen Atem, der nötig ist, den Angriff trotz wertschätzender Gesprächsführung unvermindert aggressiv fortzusetzen.

Zusammenfassung

Wollen Sie spontanes Verhalten beenden, zeigen Sie dem anderen unverblümt, wie verwirrend seine Äußerung wirkt:

- „Sie überraschen mich."
- „Was Sie sagen, verwirrt mich."
- „Das erstaunt mich."
- „Das macht mich stutzig."
- „Das verwundert mich."
- „Jetzt bin ich verdutzt."
- „Du verblüffst mich."
- „Das macht mich sprachlos."
- „Das macht mich platt."
- „Du frappierst mich."
- „Was du sagst, macht mich baff."
- „Jetzt bin ich perplex."

Jetzt ist es am anderen, zu erklären, was er mit seiner Äußerung eigentlich erreichen wollte.

Ebenso können Sie **indiskrete Fragen** zunächst unbeantwortet lassen und erst einmal zeigen, wie sehr Sie diese Frage erstaunt. Erklärt sich Ihr Gegenüber in zufriedenstellender Weise, worauf er hinauswill, können Sie über Ihre Antwort nachdenken. Andernfalls bleibt seine indiskrete Frage unbeantwortet.

Nach dem gleichen Muster können Sie auch das spontane Verteilen **ungebetener Ratschläge** bremsen. Die natürliche und damit spontane Sicherheit hört genau in dem Moment auf, wenn Ihr Gegenüber darüber nachdenkt, was ihn eigentlich so sicher macht.

8. Wie Sie Unverschämtheiten stoppen

Kürzlich hielt mir eine Seminarteilnehmerin entgegen: „Ihre ganze Wertschätzung in Ehren, Herr Weisbach, aber es gibt auch Unverschämtheiten. Da muss ich nicht überlegen, wie die gemeint sind. Was hilft mir da Ihr ganzes Gerede von Respekt und ernst nehmen?" Das ist in der Tat eine Gefahr: Unsere Wertschätzung sollte nie so weit gehen, dass wir uns selbst nicht mehr achten. Dazu gehört auch, dass wir uns nicht beleidigen lassen. Werden wir beschimpft und erniedrigt, müssen wir dem Einhalt gebieten. Schweigen könnte uns als Schwäche ausgelegt werden, was in der Regel zu weiteren Ausfällen führt.

Da greift uns jemand mit den Worten an:

„Sie sind verlogen."
„Trottel!"
„Du bist ein Fettsack."
„Du redest nur Stuss."
„Du lebst doch hinterm Mond."

Für derartige Situationen wird in etlichen Ratgebern empfohlen, den anderen unmissverständlich in die Schranken zu weisen, zum Beispiel:

„Ich verbitte mir diesen Ton."
„Ich lasse mich nicht von Ihnen beleidigen."
„Ich erwarte, dass du dich entschuldigst."
„Wenn du dich beruhigt hast, kannst du mit mir weiterreden, jetzt gehe ich."
„Warum bist du eigentlich so gemein zu mir?"

Fragen wir uns, wie sich der unverschämte Angreifer nun fühlt, stellen wir sogleich fest: Er verliert sein Gesicht. Prompt eskaliert der Angriff zu einem ausgewachsenen Streit:

„Sie sind verlogen."
„Ich verbitte mir diesen Ton."

„Sie haben mir gar nichts zu verbieten, dass das mal klar ist. Ich benenne nur beim Namen, was offensichtlich ist."
„Ich lasse mich hier nicht beleidigen."
„Nun kommen Sie mal von Ihrem hohen Ross herunter! Sie sind es doch, der pausenlos Mist produziert. Für mich sind Sie eine Pfeife!" Usw.

In derart bedrohlichen Situationen Stärke zu zeigen, heißt nicht zwangsläufig, dass wir zurückschlagen müssen. Wir wissen nicht, was den anderen gerade so aggressiv macht. Wir können aber davon ausgehen, dass er sich – wie das Wort schon sagt – nicht schämt, so aufzutreten. Unverschämtheiten sind Handlungen oder Äußerungen ohne Scham. Um uns zu schämen, benötigen wir ein bewusstes Empfinden, das sogenannte Schamgefühl. Im Begriff des Schuld**bewusstseins** wird dies zutreffend ausgedrückt. Scham entsteht, wenn uns bewusst wird, dass wir entgegen unserer Selbstachtung handeln. Bemerken wir, dass andere diese Abweichung ebenfalls wahrnehmen, kommt noch das Gefühl der Peinlichkeit hinzu.

Sie ahnen schon, jetzt greifen wir wieder zum bewährten Kniff, die spontane Aggression bewusst zu machen und dadurch zu stoppen.

Geben Sie dem, was der andere gerade mit Ihnen macht, einen Namen.

Teilen Sie dem anderen mit, dass Sie nicht nachvollziehen können, worauf er hinaus will bzw. wie seine momentane Befindlichkeit entstanden ist.

Damit Sie bei so viel Aggression überhaupt gehört werden, beginnen Sie mit einem „Stopp!"

Bei kindlichen Untaten prüfen wir, ob das Kind überhaupt erfassen kann, was es angerichtet hat. Wenn ein Kind kein Schuldgefühl hat, kann man es nicht zur Verantwortung ziehen. Genau so prüfen wir auch bei Erwachsenen, wieweit Sie begreifen, was sie da Unverschämtes machen.

„Sie sind verlogen."
„Stopp! – Ich weiß nicht, was Sie gerade so aggressiv macht, dass Sie mich beleidigen müssen." **Selbstaussage**
„Trottel!"

„Halt! – Ich weiß nicht, was Sie dermaßen empört, mich zu beschimpfen." **Selbstaussage**

„Du bist ein Fettsack."

„Es reicht! – Du demütigst mich. Ich weiß nicht, was ich dir getan habe. **Beziehung**

„Du redest nur Stuss."

„Genug! – Ich weiß nicht, was du verhindern willst, wenn du mir so über den Mund fährst." **Antonyme Aufforderung**

„Du lebst doch hinterm Mond."

„Schluss! – Ich weiß nicht, was du erreichen willst, mich so herabzusetzen." **Aufforderung**

Indem Sie deutlich zeigen, dass hier eine Grenze überschritten wird, wahren Sie Ihr Gesicht. Gleichzeitig ermöglichen Sie dem Angreifer, ebenfalls sein Gesicht zu wahren, und im Bewusstsein seiner Unverschämtheit einen Rückzieher zu machen, beispielsweise:

„Sie sind verlogen."

„Stopp! – Ich weiß nicht, was Sie gerade so aggressiv macht, dass Sie mich beleidigen müssen."

„Es war nicht meine Absicht, Sie zu beleidigen. – Ich bin aber empört, von Ihnen jeden Tag andere Erklärungen aufgetischt zu bekommen. Ich drücke es jetzt mal ganz deftig aus: Ich habe das Gefühl von Ihnen verarscht zu werden."

Nun haben wir die Erklärung, was den anderen gerade so erzürnt. Damit können wir uns hoffentlich ernsthaft auseinandersetzen.

Natürlich dämpft dieses Bewusstmachen nicht zwangsläufig jede Aggression. Wenn unser Gegenüber zum Platzen geladen ist, dann dringen wir mit unserer Äußerung gar nicht richtig in sein Bewusstsein, prompt teilt er weiter aus, beispielsweise:

„Sie sind verlogen."

„Stopp! – Ich weiß nicht, was Sie gerade so aggressiv macht, dass Sie mich beleidigen müssen."

„Das wissen Sie ganz genau!"

„Nein. Aber Sie wollen es mir auch nicht sagen."

Gelingt es uns, den anderen zu erreichen, erfahren wir vielleicht doch noch, was ihn so kampfbesessen macht. Wenn nicht, können wir nur akzeptieren, dass der andere gerade im wahrsten Sinne des Wortes „außer sich" ist. So wenig wie wir mit einem Geistesgestörten oder mit einem Betrunkenen zielführend sprechen können, so wenig gelingt uns das, bei Menschen, denen der Kragen platzt, deren Wut gerade ausbricht oder die cholerisch reagieren. Juristen bezeichnen eine derartige Verfassung als „im Affekt" und machen die mangelnde Zurechnungsfähigkeit strafmildernd geltend. Da Wut alles zerstören kann, was sich ihr in den Weg stellt, sind wir gut beraten, uns in Sicherheit zu bringen. Dazu müssen wir nicht zwangsläufig den Raum verlassen. Wir können auch schweigen, um dem anderen keine neuen Angriffspunkte zu liefern. Sobald sich der andere ausgetobt hat, kommt er wieder zur Besinnung. Wir merken das daran, dass er uns konkrete Fragen stellt oder greifbare Vorwürfe macht.

„Das wissen Sie ganz genau!"
„Nein. Aber Sie wollen es mir auch nicht sagen."
„Kommen sie mir doch nicht so, Sie hirnverbrannter Ochse. (Schweigen)
Selten habe ich soviel Mist auf einem Haufen gesehen. (Schweigen)
Das kostet mich Kopf und Kragen, was Sie da angestellt haben. (Schweigen)
Was haben Sie sich eigentlich dabei gedacht, Ihre Zahlen zu frisieren?
Warum haben Sie die Ergebnisse vom dritten Quartal nachträglich geändert?"

Je nach dem tatsächlichen Hergang werden wir nun auf den Gesprächspartner eingehen. Entweder können wir uns erklären oder der andere muss uns zeigen, wie er zu diesem Vorwurf kam. In diesem Fall war unser **Schweigen souverän.** Hat sich der andere schließlich beruhigt, ist es müßig, über die Beleidigungen noch ein Wort zu verlieren.

Neben den verletzenden Beleidigungen gibt es noch weitere Verhaltensweisen, die wir uns nicht gefallen lassen dürfen: Die **versteckten Drohungen** und Erpressungen. Ich nenne sie versteckt, weil wir uns selbst ausmalen, welche schrecklichen Konsequenzen eintreten werden. Im Gegensatz zu den einfachen Drohungen, die wir auch als nachdrückliche Aufforderung (vgl. S. 32) verstehen können, sind die versteckten Drohungen ein Angriff auf unser Selbstwertgefühl.

„Ich möchte keine Gewalt anwenden müssen." (Der will mich zusammenschlagen.)

„Ich kann auch deiner Frau einiges erzählen." (Oje, der weiß etwas von meinem Seitensprung.)

„Was ist Ihnen denn mein Schweigen Wert?" (Wenn der alles weiß, wird es teuer.)

„Dann muss ich wohl über Konsequenzen nachdenken." (Dann bin ich meinen Job los.)

„Du willst wohl, dass ich dich zum Schulleiter bringe." (Wenn der erfährt, was ich ausgefressen habe, kann ich gleich die Schule wechseln.)

Das Hinterhältige dieser Äußerungen liegt in der unausgesprochenen Konsequenz. Es wird etwas vielsagend angedeutet. Was aber tatsächlich eintreten wird, bleibt unserer Phantasie überlassen. Naheliegenderweise empfinden wir die Drohung als unangenehm. Dadurch entsteht im nächsten Schritt in unserer Vorstellung ein Katastrophenszenario. Aus der angedeuteten Gewalt wird bereits ein Blutbad; bei der Anspielung, der Frau etwas zuzutragen, entsteht im Geiste bereits eine Ehekrise und der erwähnte Schulleiter versetzt den Schüler in Panik. Wer versteckt droht, rechnet damit, sein Ziel geradewegs zu erreichen. Meistens klappt das auch. Wir verhalten uns folgsam, um zu vermeiden, dass unsere Horrorvision Wirklichkeit wird. Dabei geraten wir in eine paradoxe Situation: Wir fühlen uns genötigt, freiwillig zu folgen. Womöglich wird uns auch noch vorgeworfen, dass uns keiner gezwungen habe, so zu reagieren. Es trifft unser Selbstwertgefühl, wenn wir nicht nur den Schaden haben, sondern auch noch verspottet werden.

Um aus dieser Falle heraus zu kommen, müssen wir uns klar machen, dass wir gar nicht direkt auf die Drohung, sondern auf die von uns selbst ausgemalten Phantasien über mögliche Konsequenzen reagieren. Erst wenn wir genau wissen, mit welchem Ausgang wir zu rechnen haben, können wir entscheiden, wie wir mit der Situation umgehen wollen.

> **Klären Sie bei einer versteckten Drohung, mit welchen Folgen Sie genau zu rechnen haben.**
> **Erst danach bestimmen Sie, was Sie erwidern bzw. wie Sie reagieren wollen.**

Unser geschultes **Sachohr** hilft uns die richtigen Verständnisfragen zu stellen.

„Ich möchte keine Gewalt anwenden müssen."
„Was genau möchten Sie statt dessen anwenden?"

„Ich kann auch deiner Frau einiges erzählen."
„Was genau willst du ihr erzählen?"

„Was ist Ihnen denn mein Schweigen Wert?"
„Für was genau möchten Sie bezahlt werden?"

„Dann muss ich wohl über Konsequenzen nachdenken."
„An welche Konsequenzen hast du genau gedacht?"

„Du willst wohl, dass ich dich zum Schulleiter bringe."
„Was genau wollen **Sie** (denn)?"

Zunächst wird Ihr Gegenüber überrascht sein. Mit dieser Frage hat er gewiss nicht gerechnet. Die versteckte Drohung lebt ja von der Zuversicht, ohne zusätzlichen Druck zum Ziel zu gelangen.

Eine andere Möglichkeit, uns gegen diese Einschüchterung zu wehren, besteht wieder darin, genau das anzusprechen, was im Moment geschieht.

Geben Sie einen Namen für das, was der andere gerade mit Ihnen macht. Dadurch wird ihm bewusst, was er tut und zugleich wird ihm klar, dass Sie wissen, was hier geschieht.

Wie überall gilt auch hier: Ihr Tonfall ist neutral und frei von jeglichem Vorwurf.

„Ich möchte keine Gewalt anwenden müssen."
„Das klingt wie eine Drohung."

„Ich kann auch deiner Frau einiges erzählen."
„Du möchtest mich jetzt erpressen."

„Was ist Ihnen denn mein Schweigen Wert?"
„Das soll jetzt eine Nötigung sein."

„Dann muss ich wohl über Konsequenzen nachdenken."
„Das hört sich wie eine Einschüchterung an."

„Du willst wohl, dass ich dich zum Schulleiter bringe."
„Sie wollen mich unter Druck setzen."

Sobald wir die Drohung als solche benannt haben, stoppen wir die Spontaneität. Danach kann unser Gegenüber allenfalls bewusst, also offen drohen. Das setzt aber voraus, dass er sich für dieses Vorgehen entscheidet und bereit ist, die damit verbundenen Konsequenzen zu tragen. Im Moment kann er sich noch ohne Gesichtsverlust aus der Affäre ziehen. Viele nutzen diese Chance und geben dem ganzen eine andere Wendung.

„Ich kann auch deiner Frau einiges erzählen."
„Du möchtest mich jetzt erpressen."
„Nein. So war das nicht gemeint. Ich ärgere mich nur maßlos, wie du dich über meine Interessen hinwegsetzt. Vielleicht kannst du dich ja mal in meine Lage versetzen." Usw.

„Du willst wohl, dass ich dich zum Schulleiter bringe."
„Sie wollen mich unter Druck setzen."
„Natürlich nicht. Ich erwarte lediglich, dass du dich endlich an die Regeln hältst. Ich bin es leid, dich ständig ermahnen zu müssen."

Der andere merkt, dass er mit seiner versteckten Drohung nicht zum Ziel kommt. Gleichzeitig erfahren wir, was er eigentlich erreichen wollte. Nun liegt es an uns, die Erwartungen unseres Gegenübers ernst zu nehmen oder auch nicht. Das hängt wiederum von **unseren Zielen** ab und welchen Preis zu zahlen wir bereit sind.

Sie mögen fragen, wie Sie denn reagieren sollen, wenn der andere zu seiner Drohung steht. Auch hier gilt, dass wir erst reagieren, wenn wir alle erforderlichen Informationen vorliegen haben. Manchmal löst sich unsere Horrorvision auf und wir stellen geradezu erleichtert fest, dass die Drohung halb so schlimm ist, z. B.:

„Ich kann auch deiner Frau einiges erzählen."
„Du möchtest mich jetzt erpressen."
„Nun, du kannst ja wählen, ob du Stillschweigen bewahren willst, oder ob du möchtest, dass ich deiner Frau erzähle, welche jämmerliche Figur du auf der Betriebsfeier gemacht hast, als du völlig betrunken warst."

Manchmal bestätigt sich unsere Befürchtung, und wir erfahren, welche Konsequenzen uns genau drohen, beispielsweise:
„Ich möchte keine Gewalt anwenden müssen."

„Das klingt wie eine Drohung."
„So war es auch gemeint."

„Mit welcher Art von Gewalt muss ich jetzt rechnen?"
„Ich zähle bis zehn. Bis dahin sind Sie verschwunden, sonst schlage ich zu."

Wofür Sie sich nun entscheiden, hängt von Ihren Zielen und auch von Ihrer körperlichen Kondition ab.

Es gibt noch eine besondere Form des versteckten Drohens: Wir werden genötigt, zuzustimmen, um einer „Verurteilung" zu entgehen, beispielsweise:

„Wer sich loyal zur Firma bekennt, wird diesen Vorschlag unterstützen."
„Wer emanzipiert ist, weigert sich, bestimmte Zeitschriften zu kaufen."
„Trauen Sie sich, zu unterschreiben?"

Die Art der Aussage vereinnahmt uns. Sie ist so konstruiert, dass wir in negativem Licht erscheinen, falls wir ablehnen. Als scheinbare Konsequenz der Aussage wird uns eine Position unterstellt, mit der wir eigentlich nicht identifiziert werden möchten. Wer will schon als illoyal, unemanzipiert oder feige gelten?

Versteckte Drohungen sind so gängig, dass Sie Ihr Gegenüber überraschen, wenn Sie die Unterstellung direkt ansprechen:

Auch hier gilt: Im Tonfall der ruhigen Feststellung formulieren wir eine Aussage, keine Frage.

„Wer sich loyal zur Firma bekennt, wird diesen Vorschlag unterstützen."
„Sie unterstellen damit, dass jeder illoyal ist, der an diesem Vorschlag zweifelt."
„Wer emanzipiert ist, weigert sich bestimmte Zeitschriften zu kaufen."
„Sie unterschieben damit, dass der Kauf einer bestimmten Zeitschrift darüber entscheidet, ob jemand emanzipiert ist oder nicht."
„Trauen Sie sich, zu unterschreiben?"
„Sie unterstellen, dass die Unterschrift eine Frage des Mutes ist.

Wir benötigen einen sehr wachen Verstand, um derartige Unterstellungen zu erfassen. Der Gesprächspartner vertraut darauf, dass die positive Unterstellung ihre Wirkung nicht verfehlt.

Diese Technik kommt noch intensiver beim **Einschmeicheln** zum Einsatz. Dabei wird uns eine Belohnung in Aussicht gestellt, wenn wir die Ansicht des Gegenübers teilen. Wir können dieses Vorgehen auch **Zuckerbrot und Peitsche** nennen, weil der andere andeutet, uns das Bonbon vorzuenthalten, falls wir ablehnen sollten. Wir können uns gegen derartige Vereinnahmungen nur wehren, indem wir aufdecken, was da gerade passiert, beispielsweise

„Sie haben sich in den vergangenen Jahren als einer der engagiertesten Mitarbeiter erwiesen und niemals Zweifel an Ihrer Loyalität aufkommen lassen, ich bin sicher, dass Sie diesen Vorschlag unterstützen."

„Sie deuten damit an, dass Sie an meiner Loyalität und meinem Engagement zweifeln, falls ich an diesem Vorschlag etwas auszusetzen habe."

„Du lässt dich ja glücklicherweise nicht einwickeln und hast dir deinen kritischen Verstand bewahrt. Bei deiner emanzipierten Denkweise wirst du bestimmt nie auf die Idee kommen, derartige Zeitschriften zu kaufen."

„Das klingt so, als ob ich automatisch unkritisch werde und mich einwickeln lasse, sobald ich solche Zeitschriften kaufe."

Oder: „Ich laufe Gefahr von dir für unemanzipiert gehalten zu werden, sollte ich mir jemals eine solche Zeitschrift kaufen."

„Sie haben ungewöhnlich schnell erfasst, welche einzigartigen Vorteile in dieser Entwicklung liegen. Mit Ihren bisherigen Entscheidungen haben Sie Maßstäbe gesetzt. Sie werden kaum zögern, jetzt zu unterschreiben."

„Sollte ich dennoch zögern, zerstöre ich das gute Bild, dass Sie von mir haben."

Die Umdrehung dieser Technik kommt im **Isolieren** zum Ausdruck. Hierbei wird eine Äußerung so formuliert, dass Andersdenkende isoliert und in eine Ecke geschoben werden. Es ist nicht leicht, Ansichten und Meinungen zu widersprechen, die in der Formulierung der Isolierungstechnik hervorgebracht werden, da wir uns damit sozusagen ins Abseits stellen und zum Außenseiter machen. Statt auf der inhaltlichen Ebene zu widersprechen, bietet es sich abermals an, die Spontaneität aufzuheben und dem Gegenüber mitzuteilen, was er da gerade macht.

„Wer diesen Vorschlag ablehnt, denkt nur an seinen momentanen Vorteil und billigt insgeheim Entlassungen."

„Mit dieser Unterstellung wird jeder zum Entlassungsgewinnler, der diesem Vorschlag kritisiert."

„Wer für Abtreibung ist, hat auch nichts gegen Mord."

„Sie möchten jeden zum Mörder stempeln, der sich nicht Ihrer Meinung anschließt."
„Wer gegen Abrüsten ist, will den Krieg."
„Sie unterstellen jedem, der andere Ansichten hat, ein Kriegshetzer zu sein."

Um keine Missverständnisse aufkommen zu lassen: Wenn wir die Spontaneität aufheben, heißt dass noch nicht zwangsläufig, dass wir auch das eigentliche Verhalten stoppen. Aber wir bringen unser Gegenüber dazu, eine bewusste Entscheidung zu fällen. Sich ausdrücklich für etwas zu entscheiden, heißt auch die Verantwortung dafür übernehmen zu müssen. Dieser Umstand veranlasst die meisten Menschen ihre weiteren Aktionen sorgfältig zu prüfen.

Auf jedem Schulhof können wir beobachten, mit welcher Lust sich Kinder gegenseitig ärgern. Da wird verspottet, gehänselt und verlacht, gerauft und geprügelt und Schwächere werden peinigend gequält. Solange sich das Opfer wehrt, schreit oder auch um Hilfe ruft, gehen die Torturen weiter. Das **Sieger-Verlierer-Spiel** nimmt seinen Lauf. Sobald jedoch dem Angreifer bewusst gemacht wird, was er da tut, muss er sich entscheiden. Das durchbricht die gewohnten Abläufe.

„Du willst mich jetzt ärgern."
Oder deutlicher: „Du willst mir weh tun."

Jemanden absichtlich zu ärgern ist nicht dasselbe, wie spontanes Piesacken. Außerdem läuft der Angriff ins Leere, wenn das potenzielle Opfer die Handlung benennt, anstatt sich zu wehren.

Mit dieser Vorgehensweise können wir grundsätzlich jede Spontaneität beenden. Weil diese Methode so wenig verbreitet ist, will ich einige Beispiele anführen, um die Breite der Einsatzmöglichkeiten aufzuzeigen.

„Da steht doch deutlich geschrieben, dass Sie erst das Formular ausfüllen sollen, bevor Sie sich eine Nummer ziehen. Können Sie nicht lesen?
„Sie möchten mich jetzt maßregeln."

Auf die Frage, welche Bedeutung ein bestimmtes Formularfeld habe, erhält der Antragsteller zur Antwort: „Das geht Sie gar nichts an."
„Sie wollen mich für meine Frage tadeln."

„Der Vorschlag ist doch völlig unausgegoren."
„Es geht Ihnen darum, meine Idee herabzusetzen."

„Sie wissen ganz genau, dass Sie mich vorher hätten fragen müssen."
„Sie wollen mir jetzt Vorhaltungen machen."

„Vorsicht, Augen schließen, Kollegin Schulz versprüht Gedankenblitze."
„Sie möchten mich gern verspotten."

„Warum kommst du jetzt erst?"
„Du willst mir jetzt Vorwürfe machen."

„Könntest du nicht einmal versuchen, dir Mühe zu geben."
„Du möchtest mich jetzt beschimpfen."

Je ruhiger Sie Ihre Feststellung treffen, umso größer die Wirkung. Der andere rechnet nicht damit, den Spiegel vorgehalten zu bekommen. Prompt schaut er hinein. Oder um es in anderen Worten auszudrücken: Er fängt den Ball auf, der ihm da zugeworfen wird und beginnt sich zu erklären. Dabei können wir erfahren, was seine eigentliche Absicht war, was ihm wichtig ist oder wie es ihm gerade geht.

Es ist absehbar, dass uns dabei kaum etwas Erfreuliches aufgetischt wird. Wer uns angreift, ist – aus welchen Gründen auch immer – in einer negativen Verfassung. Dabei spielt es keine Rolle, ob wir den Zorn des anderen zu verantworten haben, oder ob sich der andere völlig zu unrecht aufregt. Es genügt, wenn wir uns vergegenwärtigen, dass unser Gegenüber glaubt, im Moment im Recht zu sein. Wir helfen ihm nicht, wenn wir widersprechen. Aber immer können wir uns ernsthaft mit einem anderen auseinander setzen. In den allermeisten Fällen geraten wir dabei komplett aus seiner Schusslinie, ja vielfach löst sich die Aggression wie von selbst in Wohlgefallen auf. Natürlich stimmt das „wie von selbst" nicht. Unser Beitrag, den anderen – trotz seiner Ausfälle – mit Respekt zu begegnen, ist eine besondere Leistung. Angesichts der Tatsache, dass alle Menschen danach streben, ernst genommen und geachtet zu werden, beschert uns unsere Fähigkeit, wertschätzend zu reagieren, ein hohes Maß an Anerkennung.

> **Wie bei den asiatischen Kampfsportarten machen Sie das Gegenteil dessen, was der Angreifer erwartet. Statt zurückzuschlagen, nehmen Sie die Attacke auf und lenken seine Energie in eine neue Richtung: Auf ihn selbst.**

Auch auf die Gefahr, schwülstig zu wirken: Der gemeinste Angreifer möchte im Grunde seines Herzens geliebt werden. Natürlich fällt es uns schwer, Grobheiten mit Respekt zu bedenken und bei hinterhältigen Angriffen die eigentliche Absicht zu würdigen. Dennoch ersparen wir uns viel Unbehagen, wenn es uns gelingt, die Aufmerksamkeit auf den anderen zu richten. Sobald sich der andere entschieden hat, was er tatsächlich will, können wir über eine angemessene Reaktion nachdenken. Das wird nicht zwangsläufig zu einer versöhnlichen Übereinstimmung führen. Offene Feindschaft ist auch ein gangbarer Weg. Gelingt es uns, die Gegnerschaft zu klären, sind wir für alle Zukunft gewappnet.

Um Ihnen weitere Gelegenheit zu geben, auf Unverschämtheiten wertschätzend zu reagieren, finden Sie wieder fünf Beispiele:

Unverschämtheit	Ihre Reaktion
(1) „Außer einer großen Klappe steckt doch bei Ihnen nichts dahinter."	
(2) „Was glotzt du mir eigentlich dauernd in den Ausschnitt?"	
(3) „Manche kriegen hier ihr Geld offensichtlich nur für ihre hübschen Beine."	
(4) „Wahrscheinlich übersteigt das Ihre Auffassungsgabe."	
(5) „Das sind unsere Exklusivmodelle, diese Preislage kommt für Sie wohl kaum in Frage."	

Allen Äußerungen gemeinsam ist der Angriff auf das Selbstwertgefühl. Ob als unverschämte Anzüglichkeit oder offen aggressiv, unvermittelt wird die ganze Person attackiert. Weil uns der Angreifer nicht vorwarnt, trifft uns die Unverschämtheit aus heiterem Himmel. Wenn wir uns jetzt überrumpelt fühlen, kommt zur Herabsetzung noch das Gefühl der Ohnmacht hinzu. Beides zusammen macht uns womöglich sprachlos. Und genau daraus resultiert dann unsere tiefe Verletztheit. Beharrliches Üben trägt dazu bei, die eigene Sprachlosigkeit zu überwinden.

Meine Antwortvorschläge:

(1) „Außer einer großen Klappe steckt doch bei Ihnen nichts dahinter."

Dieser dreiste Angriff eignet sich, die ganze Palette unserer Reaktionsmöglichkeiten nebeneinander zu stellen:

- **Ansprechen der mitschwingenden Aufforderung**
  „Sie möchten mehr von mir geboten bekommen."
  Oder unser Standardspruch: „Und jetzt möchten Sie gern wissen, wie ich auf diesen Vorwurf reagiere."

- **Ansprechen der mitschwingenden Selbstaussage**
  „Sie hatten mehr erwartet."
  Oder: „Sie klingen enttäuscht."

- **Ansprechen der mitschwingenden Beziehungsaussage**
  „Sie halten sehr wenig von mir."
  „In Ihren Augen bin ich eine Niete."

- **Ansprechen der mitschwingenden Sachaussage**
  „Nein."
  „Was genau meinen Sie mit ‚großer Klappe'?"

- **Ansprechen der spontanen Verwirrung**
  „Ihre Äußerung überrascht mich."
  „Sie sagen das ungewöhnlich direkt."

- **Durchbrechen der Spontaneität**
  „Sie möchten mich jetzt herunterputzen."
  „Es geht Ihnen darum, mich jetzt zu provozieren."

- **Schweigen**
  Den anderen dabei ruhig und freundlich anblicken und ihm signalisieren, dass Sie bereit sind, noch weiter zuzuhören.

Natürlich werden Sie nicht alle Möglichkeiten gleichermaßen parat haben. Je nach Ihrer inneren Gestimmtheit, Ihrer Übung und Ihren Vorerfahrungen wird Ihnen das eine oder andere geläufiger sein. Aber Vorsicht! Gleitet Ihr Tonfall ins Ironische, können Sie ebenso gut aggressiv zurückschlagen, nach dem Motto:

„Besser eine große Klappe als eine zu kleine Kinderstube."
„Führen Sie gerade Selbstgespräche?"
„Das muss ein Gernegroß wie Sie gerade sagen."

(2) „Was glotzt du mir eigentlich dauernd in den Ausschnitt?"

Unabhängig davon, ob der Vorwurf zutrifft oder nicht, sind wir auf eine derart giftige Attacke nicht gefasst. Hier jetzt mit Musterantworten à la „das stört dich", oder „du möchtest gern, dass ich woanders hinschaue" aufzuwarten, wirkt aalglatt. Der giftige Angriff soll schließlich Betroffenheit erzeugen. Wenn wir diese nicht zeigen, schüren wir weitere Aggressionen. Aber was hindert uns zuzugeben, dass uns dieser Vorwurf überrascht?

„Du machst mich gerade perplex."
Oder: „Dein Vorwurf erstaunt mich."

Sind wir etwas wortgewandter, gelingt uns die Notbremse:

„Stopp! – Ich weiß nicht, was dich gerade so empört, mich derartig bloßzustellen."
Oder: „Halt! – Du machst mir Vorhaltungen, ohne dass ich weiß, womit ich dich so in Rage versetzt habe."

Ich will Ihnen nicht vorenthalten, wie geradlinig sich dieses Beispiel eines Seminarteilnehmers weiterentwickelt hat:

„Tu doch nicht so blöd! Du weißt doch ganz genau, wo du die ganze Zeit hinstierst."
„Stimmt. Dein Dekolleté ist so tief ausgeschnitten, dass ich oft dort hinschaue. Mich erstaunt, dass dir das unangenehm ist."

In diesem Fall führt die unumwundene Zustimmung zu einer völlig neuen Bewertung. Dabei gelang es diesem Teilnehmer, den moralischen Vorwurf umzuleiten: vom „Busengucker" zur provozierenden Decolletéträgerin. Sein nachgeschobener Satz wirkt nicht nur versöhnlich, sondern erlaubt der Angreiferin einen Rückzug ohne Gesichtsverlust.

> **Ein moralischer Vorwurf greift nur, wenn Sie sich schämen.**
> **Was für Sie nicht verwerflich ist, kann Sie auch nicht unter Druck setzen.**
> **Sobald Sie dazu stehen, machen Sie sich unangreifbar.**

(3) „Manche kriegen hier ihr Geld offensichtlich nur für ihre hübschen Beine."

Viele Frauen sind im Arbeitsleben anzüglichen Bemerkungen ausgesetzt. Manchmal steckt bloßer Neid dahinter, manchmal ist es plumpe Anmache. Der Angreifer zieht seinen Gewinn aus der betroffenen Reaktion. Wird er jedoch unerwartet ernst genommen, können wir dem Geschehen einen neuen Rahmen verpassen. So wie **Ironie** ihren Reiz verliert, sobald wir die Äußerung wörtlich nehmen, können wir auch hier reagieren:

„Danke (für das Kompliment)." Wobei ein freundlich lächelndes Kopfnicken die Wirkung verstärkt.

Natürlich passt auch hier der Standardsatz: „Und jetzt möchten Sie wissen, wie ich reagiere." Da diese unverschämte Äußerung die **Beziehung** betrifft, ist es sinnvoll genau diese auch zu klären, beispielsweise:

„Sie scheinen wenig von meinen Arbeitsqualitäten zu halten."
Oder lachend: „In Ihren Augen habe ich nur Stroh im Kopf."

Wer trotz dieses geschmacklosen Angriffs die mitschwingende **Selbstaussage** hört, kann diese wohlwollend ansprechen:

„Das stinkt dir, dass du dich hier viel mehr anstrengen musst."
„Das klingt so, als ob Sie sich ausgenutzt fühlen."

Mit einem Mal verlagert sich das Gespräch auf den eigentlichen Stein des Anstoßes. Womöglich erfahren wir, was den Kollegen so ergrimmt. Es ist nicht auszuschließen, dass hinter dieser Äußerung tiefer Groll sitzt, der sich aus vielen kleinen Mosaiksteinchen des Zurückgesetzt-Werdens zusammensetzt.

Mir wurde von Frauen entgegengehalten, dass einem solche Formulierungen gar nicht in den Sinn kommen, wenn man eigentlich nur nach Luft schnappen möchte. Wir können aber auch bei höchster Betroffenheit dem anderen einen Spiegel vorhalten und ihm mitteilen, **wie** er gerade etwas sagt:

„Sie sagen das so giftig (so leise, so betont, so maulend)."
Oder: „Sie drücken sich sehr direkt aus."
Oder: „Sie möchten mir Vorhaltungen wegen meines Aussehens machen."

(4) „Wahrscheinlich übersteigt das Ihre Auffassungsgabe."

Es ist verbreitet, einem anderen auf gemeine Weise die Kompetenz abzusprechen. Doch hilft es uns nicht, beleidigt zu sein oder uns gegen derlei Unverschämtheiten zu wehren. Auf derlei Reaktionen ist der Angreifer vorbereitet. Durchkreuzen wir seinen Plan und nehmen ihn einfach ernst. Je nach Gemütslage, ringen wir noch nach Worten und greifen deswegen zu den fertigen Versatzstücken, im Sinne von:

„Sie erstaunen mich."
Oder: „Sie sagen das so überzeugt."

Oder wir stoppen die aggressive Spontaneität des anderen und benennen in aller Ruhe, was er da gerade macht:

„Sie möchten mich jetzt maßregeln."
Oder: „Sie wollen mich hier frontal angreifen."

Sind wir fähig, unsere vier Reaktionsmöglichkeiten zum Einsatz zu bringen, hört sich das in etwa so an:

Auf der **Sachebene** reagieren wir mit einem einfachen
„Nein." (Ohne ein weiteres Wort hinzuzufügen. Gleichzeitig schauen wir den Angreifer ruhig an.)
Oder: „Sie sagen ‚Auffassungsgabe'. Was meinen Sie genau damit?"
Hören wir mit unserem **Beziehungsohr**, können wir klärend reagieren:
„Sie trauen mir nicht viel zu."
„Für Sie laufe ich unter geistig unterbelichtet."

Gelingt es uns zu erfassen, wie dem anderen zumute ist, können wir diese **Selbstaussage** ruhig und ernsthaft ansprechen:
„Sie sind unzufrieden."
Oder: „Sie klingen gereizt."

Auch hinter einer unverschämten Anklage steckt ein Wunsch. Was hindert uns, den Angriff zu übergehen und die vermutete **Aufforderung** anzusprechen?

„Sie möchten, dass ich mich mehr konzentriere."
„Sie wollen vermeiden, dass ich in meinen Anstrengungen nachlasse."

Sie werden erstaunt feststellen, wie häufig sich Ihr Gegenüber entschuldigt, weil ihm gar nicht bewusst war, wie aggressiv er Sie angegangen hatte.

(5) „Das sind unsere Exklusivmodelle, diese Preislage kommt für Sie wohl kaum in Frage."

Es steht uns jederzeit frei, auf eine derartige Bedienung zu verzichten und den Laden umgehend zu verlassen. Leider nehmen wir dabei das schale Gefühl mit und können uns noch nach Jahren an diesen dreisten Satz erinnern. Derartigen Äußerungen liegt nicht nur eine Fehleinschätzung, sondern ein Vorurteil des Verkäufers zugrunde. Auch wenn der Satz an den Kunden gerichtet ist, zeigt er viel mehr die Haltung des Verkäufers gegenüber potenziellen Kunden.

Solche unverschämten Unterstellungen werden manchmal aus Gedankenlosigkeit vorgebracht, manchmal auch aus der Berechnung heraus, dass sich der so Angesprochene aus purem Trotz den Exklusivmodellen zuwendet. Kaum ein Verkäufer ist darauf vorbereitet, dass wir uns ernsthaft mit dem Wortlaut seines Satzes beschäftigen.

„Sie können beurteilen, was ich mir leisten kann und was nicht."
Oder lachend: „Sie scheinen genau zu wissen, in welche Schublade ich gehöre."

In der Regel hören wir diesen Angriff mit unserem **Beziehungsohr.** Prompt meldet unser Filter: „Wie redet der eigentlich mit mir? Ja, wen glaubt er denn vor sich zu haben? Statt uns nun patzig zu wehren („Na hören Sie mal, das entscheide immer noch ich, was ich mir leisten kann.") oder gar aggressiv zurückzuschlagen („Dass Sie sich so etwas nicht leisten können, sieht man Ihnen schon von weitem an."), können wir den Beziehungsangriff klären.

„Sie zweifeln an meiner Bonität."
„Es scheint Ihnen gerade schwer zu fallen, mich ernst zu nehmen (mich ernsthaft zu beraten/zu bedienen)."

Indem wir – frei von jedem vorwurfsvollen Unterton – aufzeigen, wie wir uns gerade behandelt fühlen, kann der andere erfassen, was ihm gerade unterlaufen ist. In der Regel wird er versuchen, mit einer erklärenden Entschuldigung die Atmosphäre zu bereinigen.

Der Vollständigkeit halber füge ich noch Erwiderungen für die weiteren Ebenen an:

- **Aufforderung:** „Sie möchten erreichen, dass ich Sie in Ruhe lasse."
  Oder: „Sie möchten mir nur einen bestimmten Teil Ihres Sortiments zeigen."
- **Selbstaussage:** „Sie haben gerade keine Lust, mir Ihr gesamtes Sortiment zu zeigen."
  „Sie sind es leid, von jedem zu Ihren Exklusivmodellen befragt zu werden."
- **Sache:** „Nein." (Schweigen!)
  Oder: „Welche Preislage kommt für mich in Frage?"
- **Spontaneität stoppen:** „Sie scheinen sich da ungewöhnlich sicher zu sein."
  Oder: „Ihre Äußerung verwirrt mich."

Findet der Verkäufer zu einem respektvollen Umgang, können wir immer noch überlegen, ob wir Lust haben, unser Geld hier auszugeben bzw. uns von diesem Menschen bedienen zu lassen. Mit **gekonntem Kontern** halten wir uns die Option für unser weiteres Handeln so lange wie möglich offen. Das macht uns auf lange Sicht nicht nur freier, sondern wir erleben uns auch in widrigen Situationen verblüffend entspannt.

Am Ende dieses Kapitels will ich mich der immer wieder gehörten Frage zuwenden, ob wir nicht durch derartig sanftes Reagieren in ein falsches Licht geraten. Womöglich vermitteln wir den Eindruck, dass man mit solchen Attacken bei uns durchkommt oder wir derartige Unverschämtheiten durchgehen lassen.

In einer Welt, die uns vorzugsweise schwarz-weiß gezeichnet wird, prägen uns die alltäglichen Vorbilder aus den Medien. Ob Politiker oder die Helden der Filmserien stets wird uns der schlagfertige, hart austeilende Sieger vorgeführt. In der großen Weltpolitik erleben wir, was es für Folgen haben kann, sich dem Spruch „Wer nicht mein Freund ist, ist mein Feind" zu widersetzen. Druck wird mit Gegendruck beantwortet. Das ist die tägliche Realität. Wir übersehen allerdings dabei, dass sich die Opfer hämisch ins Fäustchen lachen, wenn diese Siegertypen endlich einmal verlieren. Auch die Sieger mit schier endloser Erfolgssträhne zahlen einen Preis.

Ich kann nachvollziehen, wenn jemandem trotzdem Bedenken am respektvollen Umgang kommen. Weil uns allenthalben Vorbilder fehlen, ist die Sorge groß, womöglich als „Softi", „Weichei" oder Feigling verschrien zu werden. Manchem kommen auch Zweifel, ob man wirklich in den Augen der anderen als souverän gilt, wenn es gelingt, einen Angriff ruhig zu entschärfen. Meine Überzeugung lautet: Sie haben überhaupt keine Alternative.

> **Auf den Angriff eines anderen wertschätzend zu reagieren, dient in erster Linie Ihrer Zukunft. Jeder Mensch, der Ihnen wohlgesonnen ist, und den Sie für sich gewinnen können, ist wertvoller als jede gelungene Rache.**

Wer meint, sich gegen jeden Angriff und jede Beleidigung wehren zu **müssen,** kann jederzeit und von jedermann in eine Auseinandersetzung gezogen werden. Es reicht eine kleine Spitze oder eine giftige Stichelei und schon ist man Feuer und Flamme. Wer sich bei einem Angriff wehrt, spürt seine Emotionen. Der Angriff lädt auf, man ist geladen. Als direkte Folge gerät der Inhalt in den Hintergrund und die Gedanken kreisen nur noch um die eigene Verletztheit. Die Aufmerksamkeit ist so nach innen gerichtet, dass gar nicht mehr richtig erfasst wird, was der andere sagt oder macht. Wer dennoch krampfhaft versucht, sachlich zu reagieren, läuft Gefahr, durch seinen Tonfall auszudrücken, wie betroffen er gerade ist. Der Angreifer bemerkt sofort, wie empfindlich, erregt oder gereizt sein Opfer reagiert.

Um die Attacke fortzusetzen, benötigt der Angreifer eine **Legitimation.** Die wird ihm im Regelfall geliefert: Wer zurückschlägt oder sich wehrt, verhilft dem Gegner zu einer bizarren Verdrehung: Dieser erlebt sich plötzlich als Opfer und fühlt sich berechtigt, seinerseits zurückzuschlagen. Ich nenne dieses Vorgehen „bizarr", weil der Angreifer komplett ausblendet, dass er ja angefangen hat. – In der Paarberatung kann ich immer wieder beobachten, wie der

Partner, der aufgrund seiner Handlungen eigentlich ein schlechtes Gewissen hat, für jeden Vorwurf dankbar ist. Die Anklagen erlauben ihm, in die **Opferrolle** zu flüchten und den anderen zum Täter bzw. Angreifer zu machen.

Wollen Sie nicht auf der **Sieger-Verlierer**-Schiene landen, bleibt ihnen nur ein Kontern, dass Ihnen und dem Angreifer eine Fortsetzung auf der **Gewinner-Gewinner**-Schiene ermöglicht.

Zusammenfassung

Solange Sie darüber rätseln, weswegen Sie aggressiv oder unverschämt behandelt werden, können Sie nicht angemessen reagieren. Teilen Sie dem anderen mit, dass Sie seine Attacke nicht nachvollziehen können.

- „Stopp! – Ich kapier nicht, was Sie so aggressiv macht."
- „Genug! – Ich begreife nicht, was Sie so empört."
- „Schluss! – Ich weiß nicht, was Sie verhindern wollen."
- „Halt! – Ich verstehe nicht, was Sie erreichen möchten."

Sehen Sie sich einer **Drohung** ausgesetzt, benötigen Sie genaue Informationen über die möglichen Konsequenzen. Diese können Sie entweder direkt erfragen oder durch einen auffordernden Aussagesatz erhalten.

- „Das klingt wie eine Drohung."
- „Du möchtest mich jetzt erpressen."
- „Das soll jetzt eine Nötigung sein."
- „Das hört sich wie eine Einschüchterung an."
- „Sie wollen mich unter Druck setzen."

Unterstellungen verlieren ihre Macht, wenn Sie aussprechen, was Sie gerade erleben.

- „Sie unterstellen mir, dass ich..."
- „Sie mutmaßen, dass..."
- „Du schiebst mir unter, dass..."
- „Du mutmaßest, dass..."

Sie können jede **Spontaneität beenden,** sobald Sie das, was ein anderer gerade macht oder äußert in sein Bewusstsein heben.

- „Sie möchten mich jetzt maßregeln."
- „Sie wollen mich tadeln."
- „Sie machen mir dafür Vorhaltungen."
- „Du willst mich jetzt verspotten."
- „Du möchtest mich hier beschimpfen."

9. Die Gefahren der Schlagfertigkeit

In meinen Seminaren werde ich immer wieder gefragt, ob es noch weitere Möglichkeiten gebe, mit verbalen Angriffen umzugehen. Manchmal lasse ich verschiedene Formen der Schlagfertigkeit vergleichen, welche die Teilnehmer bislang an den Tag gelegt haben. Dabei prüfen wir, mit welchen möglichen Folgen zu rechnen ist. Da viele dieser Techniken in den verschiedensten Ratgebern zum Training von Schlagfertigkeit hochgelobt werden, möchte ich in diesem Abschlusskapitel aufzeigen, mit welchen Gefahren zu rechnen ist. Keine der folgenden Techniken ist schlecht. Wir müssen uns nur vergegenwärtigen, welchen Preis wir möglicherweise zu zahlen haben.

Die übertriebene Zustimmung

Eine Aussage wird der Lächerlichkeit preisgegeben, indem ihr übertrieben zugestimmt wird:

„Du sitzt ja nur noch am Computer."
„Stimmt. Darum will ich auch mein Bett verkaufen."

„Deine Haare sind fettig."
„Stimmt. Ich dusche neuerdings mit Altöl."

„Du hörst nie zu!"
„Stimmt. Hattest du etwas gesagt?"

Mit der übertriebenen Zustimmung zieht man die Lacher auf seine Seite und erntet den Ruf, schlagfertig zu sein. Der Angreifer wird mit einem flotten Spruch mundtot gemacht. Fragt sich nur, ob der Angreifer mitlachen mag oder sich womöglich ärgert. Natürlich sollte sich der andere über sich selbst ärgern, schließlich hat er ja mit seinem aggressiven Spruch angefangen. Angesichts seiner möglichen Rachegedanken ist es müßig, zu fragen, über wen er nun eigentlich erbost ist.

Wie souverän könnten wir reagieren, wenn wir trotz des Angriffs den anderen ernst nehmen, beispielsweise:

„Du sitzt ja nur noch am Computer."
„Das nervt dich." **Selbstaussage**
„Du möchtest, dass ich mich um dich (oder xy) kümmere." **Aufforderung**
„Du hältst mich für computersüchtig." **Beziehung**

„Deine Haare sind fettig."
„Das stört dich." **Selbstaussage**
„Du hältst mich für ungepflegt." **Beziehung**
„Du möchtest, dass ich mehr auf mein Äußeres achte." **Aufforderung**

„Du hörst nie zu!"
„Das kränkt dich." **Selbstaussage**
„Du möchtest, dass ich auf dich eingehe." **Aufforderung**
„In deinen Augen bin ich rücksichtslos." **Beziehung**

Sobald wird erfahren haben, worauf dieser Satz eigentlich abzielt, können wir entscheiden, wie das Gespräch oder auch die Beziehung weitergehen soll.

Absichtliches Verschlimmern

Ähnlich wie bei der übertriebenen Zustimmung, wird der Angriff aufgenommen und dem anderen der Vorschlag gemacht, eine noch aggressivere Variante zu verwenden, beispielsweise:

„Sie sind ja noch grün hinter den Ohren."
„Wie wäre es, mich als Bettnässer zu bezeichnen?

„Wer bei der ersten Hürde schlapp macht, ist für mich ein Weichei."
„Vielleicht möchten Sie mich als Warmduscher titulieren."

„Sie kommen ja vor lauter Zaudern gar nicht vom Fleck."
„Bezeichnen Sie mich doch gleich als „Bergaufbremser"!"

Mit derartiger Schlagfertigkeit können wir durchaus die Bewunderung und den Respekt der unbeteiligten Zuschauer erhalten. Wer in der Lage ist, für einen gehässigen Angriff noch eine Steigerung zu finden und diese ruhig anzubieten, zeigt seine Überlegenheit. Da es Überlegenheit nur im Zusammenhang mit Unterlegenheit gibt, wird uns der andere für dieses unangenehme Gefühl teuer zahlen lassen. Geringschätzung hat ihren Preis!

Den anderen ernst zu nehmen ist nicht nur billiger, wir sind auch langfristig auf der sichereren Seite.

„Sie sind ja noch grün hinter den Ohren."
„Das passt Ihnen ganz und gar nicht." **Selbstaussage**
„Sie halten mich für unreif." **Beziehung**
„Sie legen Wert darauf, mit einem Fachmann zu sprechen." **Aufforderung**

„Wer bei der ersten Hürde schlapp macht, ist für mich ein Weichei."
„Du klingst enttäuscht." **Selbstaussage**
„Du hältst nicht viel von meinem Durchhaltevermögen." **Beziehung**
„Du willst meinen Ehrgeiz kitzeln." **Aufforderung**

„Sie kommen ja vor lauter Zaudern gar nicht vom Fleck."
„Das nervt Sie." **Selbstaussage**
„Sie halten mich für unentschlossen." **Beziehung**
„Sie möchten, dass ich mich schneller entscheide." **Aufforderung**

Mit wenigen Worten haben wir die Aufmerksamkeit auf den anderen gelenkt, der uns nun erklären wird, wo sein eigentliches Problem liegt.

Die formale Zustimmung

Wie bei der übertriebenen Zustimmung lassen wir den anderen ins Leere laufen. Wir kommen ihm unerwartet entgegen.

„Sie sind ein Waschlappen."
„Wenn es Ihnen hilft, stimme ich zu."

„Dein Ausschnitt ist aber gewagt."
„Ich gebe dir recht, wenn es dir dadurch besser geht."

„Du kaust ja an den Fingernägeln."
„Hilft es dir, wenn ich dir beipflichte?"

Natürlich verpufft der Angriff bei dieser eigenartigen Zustimmung. Der andere kommt aus dem Gleichgewicht, weil er damit nicht gerechnet hat. Gleichzeitig wird ihm klar, dass wir ihn auflaufen lassen. Auch wenn er im Moment Ruhe geben mag, braut sich bereits die nächste Attacke zusammen.

Wir können aber auch ernsthaft auf den anderen eingehen, um zu erfahren, worauf er tatsächlich hinaus will.

„Sie sind ein Waschlappen."
„Sie klingen aufgebracht." **Selbstaussage**
„Sie möchten, dass ich mich mehr anstrenge." **Aufforderung**
„In Ihren Augen bin ich ein Versager." **Beziehung**

„Dein Ausschnitt ist aber gewagt."
„Du machst dir Sorgen, was andere von mir halten." **Selbstaussage**
„Du meinst, ich provoziere damit absichtlich die Männer." **Beziehung**
„Du möchtest, dass ich etwas anderes anziehe." **Aufforderung**

„Du kaust ja an den Fingernägeln."
„Das entsetzt dich." **Selbstaussage**
„Du willst, dass ich das lasse." **Aufforderung**
„Du hältst mich da für zurückgeblieben." **Beziehung**

Entweder erfahren wir mehr über die Sorgen des anderen oder er wird uns mitteilen, worauf sein ursprünglicher Satz eigentlich abzielte.

Beschämen

Manche Angriffe kommen in Form von Prahlerei daher. Man fühlt sich unvermittelt bloßgestellt, weil man spürt, nicht mithalten zu können. In manchen Büchern wird empfohlen, den Angeber dadurch zu beschämen, dass die eigene Unterlegenheit übertrieben eingeräumt wird.

„Wir hatten ja solche Mühe für unseren Landsitz auf Gran Canaria einen ordentlichen Dachdecker zu bekommen."
„Wir haben jeden Monat Mühe die Miete für unsere kleine Dachwohnung zusammen zu kriegen."
„Manchmal fehlt das Geld vorn und hinten. Ich weiß noch gut, wie es in meiner Kindheit nur noch Kalbsleberwurst gab, nachdem meine Eltern gebaut hatten."
„Bei uns gab es Kalbsleberwurst allenfalls zu Weihnachten."
„Es ist erschreckend, wie wenig sich Menschen in der deutschen Grammatik auskennen. Wer benutzt heute noch den Konjunktiv irrealis?"
„Ich wäre auch gern auf eine höhere Schule gegangen."

Es mag genugtuend sein, einem Prahlhans Kontra zu geben und zu sehen, wie dieser vor Peinlichkeit errötet. Leider wird der Aufschneider seinen Gesichtsverlust abspeichern. Wann er sich dafür schadlos hält, wissen wir nicht, aber eines Tages werden wir vielleicht dafür zahlen müssen.

Einen Angeber ernst zu nehmen, fällt schwer. Wir wollen ja vermeiden, dass die Prahlerei ausufert. Probieren wir es, wieder auf die mitschwingenden Aussagen einzugehen:

„Wir hatten ja solche Mühe für unseren Landsitz auf Gran Canaria einen ordentlichen Dachdecker zu bekommen."
„Das war für dich stressig." **Selbstaussage**
„Dir wäre es recht, so etwas abgenommen zu bekommen." **Aufforderung**
„In deinen Augen kann ich da mithalten." **Beziehung**

„Manchmal fehlt das Geld vorn und hinten. Ich weiß noch gut, wie es in meiner Kindheit nur noch Kalbsleberwurst gab, nachdem meine Eltern gebaut hatten."
„Dir ist das jetzt noch unangenehm, daran zu denken." **Selbstaussage**
„Du hoffst, dass ich das nachvollziehen kann." **Aufforderung**
„Du nimmst an, dass ich ähnliche Erfahrungen gemacht habe." **Beziehung**

„Es ist erschreckend, wie wenig sich Menschen in der deutschen Grammatik auskennen. Wer benutzt heute noch den Konjunktiv irrealis?"
„Du leidest förmlich darunter." **Selbstaussage**
„Ja, das kann man wohl sagen. Was bleibt denn von unserer Sprache, wenn jeder so spricht, wie ihm der Schnabel gewachsen ist."
„Dann bin ich in deinen Augen vielleicht auch so jemand." **Beziehung**
„Nein, dich meine ich nicht. Aber die breite Masse wird weiter unsere Sprache verhunzen. Findest du nicht auch, dass es Menschen geben muss, die sich für deren Erhalt einsetzen."
„Du möchtest erreichen, dass ich deine Sichtweise teile." **Aufforderung**

Auch wer unverhohlen Dünkel an den Tag legt, strebt nach Anerkennung. Wenn wir uns ernsthaft mit den manchmal abstrusen Gedanken unseres Gegenübers auseinandersetzen, heißt das noch lange nicht, dass wir inhaltlich zustimmen. Im besten Fall gelingt es, dass der andere erkennt, wie sonderbar seine Ansichten sind.

Das falsche Kompliment

Wir versuchen den Angreifer durch Loben zu lähmen. Das Prinzip lautet: Den anderen bis zur Bewegungsunfähigkeit zu umarmen. Ihm zu sagen „Sie sind eben mein Vorbild" trägt zur Verwirrung bei.

„Lernen Sie doch endlich mal selbständig zu arbeiten."
„Wissen Sie eigentlich, wie sehr ich Sie bewundere?"

„Bei so einem Vorschlag muss ich an Ihrer Intelligenz zweifeln."

„Obwohl Sie mir weit überlegen sind, geben Sie sich noch mit mir ab, ich bin für Ihre Ratschläge jedes Mal dankbar."

„Was gaffst du so blöd?"

„Du bist so einmalig, ich kann gar nicht anders."

Der andere spürt, dass wir ihn verspotten und gerät doch in eine Zwickmühle. Möchte er gerne seine Überlegenheit zeigen, kommen ihm unsere lobenden Worte gerade recht – gleichzeitig nagt der Zweifel an ihm, wie er sich gegen derartige Ironie wehren soll. Eine Vergeltung ist uns somit sicher.

Gekonntes Kontern würde sich der mitschwingenden Aussage zuwenden.

„Lernen Sie doch endlich mal selbständig zu arbeiten."

„Das bringt Sie auf die Palme." **Selbstaussage**

„In Ihren Augen arbeite ich zu wenig eigenverantwortlich." **Beziehung**

„Sie möchten verhindern, dass ich Sie so oft frage." **Aufforderung**

„Bei so einem Vorschlag muss ich an Ihrer Intelligenz zweifeln."

„Sie sind fassungslos." **Selbstaussage**

„Sie halten mich für einen Spinner." **Beziehung**

„Sie wollen, dass ich nur Vorschläge äußere, die auf Anhieb plausibel sind."
   Aufforderung

„Was gaffst du so blöd?"

„Du möchtest, dass ich woanders hinschaue." **Aufforderung**

„Du hältst mich für einen Spanner." **Beziehung**

„Dich stört das, wenn ich dich so unverhohlen betrachte." **Selbstaussage**

Die einfache Retourkutsche

Schon von Kindesbeinen an lernen wir, Vorwürfe und Angriffe zurückzugeben, nach dem Motto: „Bist du ja selber!" Die etwas höflicher Variante lautet: „Ich passe mich nur meiner Umgebung an."

„Sie sind ein Geizkragen."

„Man sollte nicht von sich auf andere schließen."

„Ich habe das Gefühl, dass Sie nicht die Wahrheit sagen."

„Dann stimmt etwas mit Ihren Gefühlen nicht."

„Wie du dich hier benimmst, ist nicht in Ordnung."

„Das musst ausgerechnet jemand sagen, der noch nicht einmal das Wort Benehmen richtig schreiben kann."

Die Attacke soll auf den Angreifer zurückfallen. Gelingt das, entsteht Schadenfreude. Wir können bezweifeln, dass sich der Angreifer dadurch ein für alle mal geschlagen gibt, und fortan liebenswürdig mit uns umgeht.

Wie viel leichter ist es, den anderen ernst zu nehmen:

„Sie sind ein Geizkragen."

„Das stört Sie, dass ich dafür kein Geld ausgeben möchte." **Selbstaussage**

„Sie möchten gern, dass ich großzügiger entscheide." **Aufforderung**

„Sie halten mich für knickerig." **Beziehung**

„Ich habe das Gefühl, dass Sie nicht die Wahrheit sagen."

„Sie halten mich nicht für vertrauenswürdig." **Beziehung**

„Sie sind da argwöhnisch." **Selbstaussage**

„Sie möchten verhindern, hereingelegt zu werden." **Aufforderung**

„Wie du dich hier benimmst, ist nicht in Ordnung."

„Das kränkt dich." **Selbstaussage**

„In deinen Augen benehme ich mich wie ein Elefant im Porzellanladen." **Beziehung**

„Du möchtest, dass ich mehr Rücksicht auf dich nehme." **Aufforderung**

Will der andere dennoch aggressiv nachlegen, können wir immer noch überlegen, wie wir reagieren wollen. Unsere Wahlmöglichkeiten bleiben unverändert offen.

Die Retourkutsche mit Gegenangriff

Bei persönlichen Angriffen ist die Versuchung groß, sich so zu wehren, dass der Angreifer blamiert wird.

„Du bist ja betrunken!"

„Stimmt. Nüchtern könnte ich dich nicht aushalten."

„Sie sagen nur die halbe Wahrheit."

„Aus Rücksicht, denn die volle Wahrheit können Sie gar nicht ertragen."

„Frauen ab 30 bauen ab."

„Stimmt. Männer bauen bis 30 noch nicht mal auf."

Im Idealfall gelingt uns sogar ein geistreiches Wortspiel, das uns die Anerkennung der unbeteiligten Zuhörer einbringt. Da der andere aber übel mit Dreck beworfen wurde, können wir uns auf unseren Lorbeeren kaum ausruhen. Die nächste Attacke kommt bestimmt.

Wenn wir wissen wollen, was den anderen gerade zu diesem Ausfall bewogen hat, nehmen wir ihn einfach ernst:

„Du bist ja betrunken!"
„Das ekelt dich." **Selbstaussage**
„Du möchtest vermeiden, daß ich noch etwas trinke." **Aufforderung**
„Du hältst mich für unkontrolliert." **Beziehung**

„Sie sagen nur die halbe Wahrheit."
„Sie misstrauen mir." **Beziehung**
„Sie möchten Belege sehen." **Aufforderung**
„Sie sind skeptisch." **Selbstaussage**

„Frauen ab 30 bauen ab."
„Das verdrießt dich." **Selbstaussage**
„Du kannst mit mir nichts mehr anfangen." **Beziehung**
„Du möchtest damit etwas erreichen." **Aufforderung**

Manchmal ist es knifflig, eine konkrete Aufforderung herauszuhören. Die letzte Beispielformulierung zeigt, wie wir mit einem allgemeinen „damit" auf eine schwer fassbare Absicht wertschätzend eingehen können.

Der Gegenangriff als Wortspiel

Der Kern dieses Wortspiels besteht aus dem Vergleichsmuster „Lieber... als...". Hinter das „Lieber" fügen wir den Angriff oder ein einzelnes Wort ein, und hinter das „als" irgendeine Unterstellung, die wir dem Angreifer entgegen halten möchten. Wir können auch auf die Formulierung „besser... als" zurückgreifen. Hauptsache, der Vorwurf kommt im Vergleich zu dem, was wir erwidern gar nicht so schlecht weg.

„Sie sind ja inkompetent."
„Lieber inkompetent als impotent."

„Du wirst allmählich dick."
„Lieber dick als doof."

„Sie sind so schrecklich sensibel."
„Besser sensibel als senil."

Da sich das **lieber-als-Muster** gut merken lässt, entsteht rasch eine gewisse Routine, Angreifer so ins Messer laufen zu lassen. Auf jeden Fall muss der andere mehr einstecken, als er ausgeteilt hat. Wer Lust hat, Opfer zu produzieren, trägt mit dieser Technik zur allgemeinen Unterhaltung belustigend bei.

Auch Provokateure wollen etwas erreichen. Was hindert uns, herauszufinden, worum es geht?

„Sie sind ja inkompetent."
„Das entsetzt Sie." **Selbstaussage**
„Sie halten mich für unqualifiziert." **Beziehung**
„Sie möchten nicht von mir beraten werden." **Aufforderung**

„Du wirst allmählich dick."
„Das erschüttert dich." **Selbstaussage**
„Du möchtest verhindern, dass ich unattraktiv werde." **Aufforderung**
„In deinen Augen bin ich da nachlässig." **Beziehung**

„Sie sind so schrecklich sensibel."
„Ich soll weniger empfindlich reagieren." **Aufforderung**
„Das beeinträchtigt Sie." **Selbstaussage**
„Sie halten mich für eine Mimose." **Beziehung**

Absichtliches Missverstehen

Natürlich können wir einer giftigen Attacke den Stachel ziehen, indem wir vorgeben, etwas ganz anderes zu verstehen. Der Trick besteht darin, etwas vom Klang her Ähnliches zu erfassen.

Auf Ihr lautes Stöhnen äußert Ihre Kollegin süffisant: „Na, fühlst du dich heute mal wieder etwas überfordert?"

„Überfoltert? Das Wort kenne ich zwar nicht, aber es gefällt mir irgendwie. Manchmal fühlt man sich hier wirklich gefoltert, du nicht auch?"

„Schwachkopf!"

„Ob der Knopf schwach ist, weiß ich gar nicht. Wenn Sie wollen, werde ich unsere Fachleute bitten, einen Knopftest zu machen. Aber, was ich eigentlich sagen wollte..."

„Was machen Sie denn da?"

„Was ich da lache? Nun, eigentlich gibt es nichts zu lachen, aber lassen Sie mich folgendes ansprechen..."

Wenn es uns gelingt, dabei freundlich, ja wertschätzend zu bleiben, mag dieses Vorgehen dem anderen helfen, ohne Gesichtsverlust aus der Sache herauszukommen. Allerdings erfordert, diese Technik einen sehr wachen Verstand. Um nicht in Verruf zu geraten, muss absichtliches Missverstehen sehr sparsam dosiert werden.

Wertschätzung ist immer noch die unverfänglichste Möglichkeit, auf eine giftige Attacke zu reagieren.

„Na, fühlst du dich heute mal wieder etwas überfordert?"
„Du traust mir gerade nicht viel zu." **Beziehung**
„Du erwartest, dass ich schweigend meine Arbeit erledige." **Aufforderung**
„Mein Stöhnen scheint dich zu stören." **Selbstaussage**

„Schwachkopf!"
„Du bist empört." **Selbstaussage**
„Du hältst mich für geistig unterbelichtet." **Beziehung**
„Du willst gern allein entscheiden." **Aufforderung**

„Was machen Sie denn da?"
„Sie möchten gern, dass ich Ihnen das erkläre." **Aufforderung**
„Das scheint Sie zu irritieren." **Selbstaussage**
„Sie trauen mir das nicht zu." **Beziehung**

Bewusster Hörfehler

Während wir beim absichtlichen Missverstehen mitteilen, wie etwas von uns gehört wurde, geben wir jetzt vor, die Äußerung des anderen akustisch nicht mitbekommen zu haben. Der Angreifer wird gezwungen, seine Aussage zu wiederholen. Es besteht dabei die Hoffnung, dass diese beim zweiten Mal etwas gemäßigter ausfällt.

„Sie haben doch kein Benehmen."
„Was habe ich nicht?"

„Wie wollen Sie das ohne jede Ahnung von der Sache je bewältigen?"
„Ohne was bewältigen?"

„Ihre Präsentation war ziemlich dürftig. Haben Sie sich nicht vorbereitet?"
„Ob ich was nicht habe?"

Gelingt es, bei dieser Nachfrage „echte Hörprobleme" vorzugeben, wiederholt sich der Angreifer sofort. Natürlich lässt sich der **Hörfehler** mit dem **Missverstehen** kombinieren.

„Sie haben doch kein Benehmen."
„Ich verstehe Sie gerade so schlecht, was habe ich nicht?"
„Kein Benehmen!"
„Abnehmen? Ja, da haben Sie recht, vielleicht sollte ich mal eine Diät machen.
    Um aber zurück zur Sache zu kommen, ..."

Auch wenn wir die Lacher auf unserer Seite haben, merkt der Angreifer, dass er gerade aufgezogen wurde und auf uns hereingefallen ist. Das ergibt einen idealen Nährboden für Rachephantasien. Da unser Angreifer auf diesem Weg sein Ziel verfehlt hat, wird er einen anderen Weg ausprobieren. Gefahr im Verzug!

Wir können auch hier auf die mitschwingende Aussage eingehen:

„Sie haben doch kein Benehmen."

„Sie halten mich für einen Flegel." **Beziehung**

„Ich soll Ihrer Vorstellung entsprechen." **Aufforderung**

„Sie fühlen sich vor den Kopf gestoßen." **Selbstaussage**

„Wie wollen Sie das ohne jede Ahnung von der Sache je bewältigen?"

„Sie misstrauen meiner Kompetenz." **Beziehung**

„Sie wollen erläutert bekommen, wie ich zum Ziel gelange." **Aufforderung**

„Sie sind skeptisch." **Selbstaussage**

„Ihre Präsentation war ziemlich dürftig. Haben Sie sich nicht vorbereitet?"

„Sie klingen enttäuscht (verärgert)." **Selbstaussage**

„In Ihren Augen habe ich versagt." **Beziehung**

„Sie möchten verhindern, dass sich so etwas wiederholt." **Aufforderung**

Wieder gelingt es, mit nur wenigen Worten die Aufmerksamkeit auf den anderen zu lenken.

Themenwechsel

Natürlich kann uns niemand ein Thema aufzwingen. Es steht uns immer frei, einen Angriff zu übergehen und einfach mit einem anderen Thema los zu legen. Manchmal bietet es sich an, aus dem Angriff irgendein Wort als Stichwort herauszugreifen, dass uns zu weitschweifigen Assoziationen veranlasst.

„Dir hat man doch das Hirn amputiert."

„Apropos Hirn, was gibt es heute eigentlich in der Kantine? Hast du einen Wochenplan?"

„Wollten Sie eigentlich ordentlich arbeiten oder feiern gehen?"

„Glauben Sie, dass wir beim Betriebsausflug schönes Wetter haben? Die Vorhersage sieht nicht gerade rosig aus. Aber wer weiß, wie solche Vorhersagen gemacht sind. Vielleicht scheint ja doch die Sonne." Usw.

„Dass Sie aus einfachen Verhältnissen kommen, merkt man sofort."

„Da fällt mir ein, dass wir die akustischen Verhältnisse im Hörsaal noch nicht geprüft haben. Wird es nicht voll, gibt es einen ziemlichen Hall."

Wenn es gelingt, wohlwollend zu bleiben, läuft der Angriff zwar ins Leere, aber wir ersparen dem Gegenüber seinen Gesichtsverlust. Ob wir damit langfristig gegen weitere Attacken gefeit sind, erscheint mir zweifelhaft. Wer hinterhältige Gemeinheiten austeilt, verfolgt damit irgendein Ziel. Bevor dies nicht erreicht ist, gibt der andere keine Ruhe. Warum setzen wir uns dann nicht gleich mit seinen Zielen auseinander?

„Dir hat man doch das Hirn amputiert."
„Du bist empört." **Selbstaussage**
„Du kannst mich nicht ernst nehmen." **Beziehung**
„Du willst, dass ich den Mund halte." **Aufforderung**

„Wollten Sie eigentlich ordentlich arbeiten oder feiern gehen?"
„Sie sind überrascht, wie wir hier gerade sitzen." **Selbstaussage**
„Sie halten uns für nicht ganz loyal." **Beziehung**
„Sie möchten erreichen, dass wir wieder ernsthaft arbeiten. **Aufforderung**

„Dass Sie aus einfachen Verhältnissen kommen, merkt man sofort."
„Sie möchten gern, dass ich anders auftrete." **Aufforderung**
„Das stört Sie." **Selbstaussage**
„Sie scheinen nicht viel von mir zu halten." **Beziehung**

Kurz und bündig

Manchmal verschlägt es einem die Sprache. Prompt machen sich die unangenehmen Gefühle von Hilflosigkeit und Ohnmacht breit. Um überhaupt etwas von sich zu geben, mag mancher Zuflucht nehmen zum kurzen „So so", „Ach was", „Sag bloß", „Nein wirklich" oder ähnlich knappen Kommentaren.

„Man sollte meinen, dass Abiturienten weniger Flausen im Kopf haben."
„Aha."
„Logik ist wohl nicht Deine Stärke."
„Sag bloß."
„Du könntest dich gelegentlich mal waschen."
„So so."

Zwar lässt sich mit wenigen Silben eine dumme Bemerkung vom Hals halten, aber genau darin besteht der Haken. Der andere spürt, dass seiner Äußerung keine besondere Bedeutung gegeben wird. Weil der Angreifer ungern vermittelt bekommen mag, dass er

einem anderen den Buckel herunterrutschen solle, folgt unweigerlich irgendwann die Revanche.

Zum Glück ist Wertschätzung immer möglich.

„Man sollte meinen, dass Abiturienten weniger Flausen im Kopf haben."

„Was ich da gemacht habe, entsetzt Sie." **Selbstaussage**

„Sie halten mich für einen Spinner." **Beziehung**

„Sie rechnen mit mehr Ernsthaftigkeit." **Aufforderung**

„Logik ist wohl nicht Deine Stärke."

„Meine Art zu entscheiden, nervt dich." **Selbstaussage**

„Du möchtest, dass ich strukturierter vorgehe." **Aufforderung**

„In deinen Augen denke ich unvernünftig." **Beziehung**

„Du könntest dich gelegentlich mal waschen."

„Das ekelt dich an." **Selbstaussage**

„Du erwartest, dass ich das unaufgefordert mache." **Aufforderung**

„Was Körperpflege betrifft bin ich dir zu gleichgültig." **Beziehung**

Verwirrspiele

Der Trick dieser Vorgehensweise besteht darin, den anderen nach
dem Sinn unserer Erwiderung suchen zu lassen. Weil unser Gehirn
gewissermaßen über eine Sinn-Such-Automatik verfügt, setzen
sofort geistige Aktivitäten ein, die Bedeutung einer Äußerung zu
begreifen. Dummerweise klingt unsere Entgegnung zwar sinnvoll,
enthält aber keine Bedeutung.

„Na Gabi, heute mal wieder in den Schminktopf gefallen?"

„Na ja, wie das Sprichwort so schön sagt: Morgenstund' hat Gold im Mund."

„Sie sind doch nur neidisch."

„Nicht umsonst heißt es: Eine Schwalbe ersetzt den Zimmermann oder so
ähnlich."

„Mit dir will doch keiner zusammen leben."

„Darum heißt es ja auch: Spinnen am Abend – erquickend und labend."

Je abstruser unsere Reaktion ausfällt, um so verwirrender für den
anderen. Die Suche nach dem Sinn kann den Angreifer für eine
Weile außer Gefecht setzen. Aber genau darin liegt die Gefahr: Wer
sich außer Gefecht gesetzt fühlt, strengt sich womöglich an, um sich
erneut ins Spiel zu bringen. Unter Umständen noch einen Tick aggressiver.

Probieren wir auch hier gekonnt zu kontern.

„Na Gabi, heute mal wieder in den Schminktopf gefallen?"
„Und jetzt möchtest du wissen, wie ich reagiere." **Aufforderung**
„Du machst dir Sorgen um mein Äußeres." **Selbstaussage**
„Du findest mein Art, mich zu schminken übertrieben." **Beziehung**

„Sie sind doch nur neidisch."
„Sie verargen mir, was ich da gesagt habe." **Selbstaussage**
„Sie halten mich für missgünstig." **Beziehung**
„Sie wollen erreichen, dass ich Sie nicht länger kritisiere." **Aufforderung**

„Mit dir will doch keiner zusammen leben."
„Für dich bin ich ein Eigenbrödler." **Beziehung**
„Du wünschst, dass ich mich weniger zurückziehe." **Aufforderung**
„Das macht dir Kummer." **Selbstaussage**

Jetzt ist es am anderen, deutlich zu machen, was er eigentlich mit seinem Satz erreichen wollte. Es spielt keine Rolle, ob wir mit unserer Aussage den Nagel auf den Kopf treffen. Der andere wird lediglich aufgefordert, zu prüfen, wieweit er sich verstanden fühlt. Falls nicht, wird er uns erklären, wie es gemeint war.

Verwirrende Fragen

Bei dieser Technik nehmen wir die Äußerung des anderen zunächst ernsthaft auf und hängen daran eine Frage, die in keinem Zusammenhang zum Angriff steht.

„In der Aufmachung kannst du doch nicht zum Kunden gehen."
„Das ist interessant. Was sagt eigentlich dein Arzt dazu?"

„Sie können wahrscheinlich noch nicht einmal Ihren Namen fehlerfrei schreiben."
„Interessante Meinung. Wieso fragen Sie?"

„Sie haben ja eine schöne Unordnung auf Ihrem Schreibtisch."
„Gut erfasst. Auf welchen Wochentag fällt dieses Jahr Heiligabend?"

Um den anderen aus der Bahn zu werfen, mag diese Technik pfiffig sein. Ich befürchte, wir provozieren den Angreifer und machen ihn eher aggressiver.

Vielleicht rechnet unser Gegenüber nicht damit, ernst genommen zu werden, schaden kann es aber auf keinen Fall.

„In der Aufmachung kannst du doch nicht zum Kunden gehen."
„Du befürchtest, dass das Nachteile hätte." **Selbstaussage**

„Dir geht es darum, dass ich mich noch umziehe." **Aufforderung**

„In äußerlichen Dingen bin ich für dich zu nachlässig." **Beziehung**

„Sie können wahrscheinlich noch nicht einmal Ihren Namen fehlerfrei schreiben."

„Sie halten mich für eine völlig Niete." **Beziehung**

„Sie sind schockiert, was ich da gemacht habe." **Selbstaussage**

„Sie wollen vermeiden, dass ich weitermache." **Aufforderung**

„Sie haben ja eine schöne Unordnung auf Ihrem Schreibtisch."

„Das macht Sie ganz konfus." **Selbstaussage**

„In Ihren Augen fehlt mir der nötige Ordnungssinn." **Beziehung**

„Es geht Ihnen darum, dass ich endlich aufräume." **Aufforderung**

Grenzen setzen

Manchmal möchten wir den aggressiven Unverschämtheiten einen entschiedenen Riegel vorschieben und dem anderen zeigen, dass wir nicht bereit sind, uns so behandeln zu lassen.

„Sie haben keinen Funken Mut und sind ein Feigling."

„Weil Sie das überhaupt nicht beurteilen können, werde ich darauf nicht eingehen."

„Bist du eigentlich immer noch so erfolglos?"

„Weil dich das gar nichts angeht, werde ich deine neugierige Frage auch nicht beantworten."

„War die Frau an deiner Seite gestern abend dein neues Verhältnis?"

„Weil das eine unverschämte Frage ist, werde ich darauf nichts erwidern."

Wenn wir es ablehnen, uns mit bestimmten unverschämten Fragen, Angriffen oder auch Forderungen zu befassen, ist das Setzen von Grenzen eine klassische Möglichkeit. Wir machen dem anderen unmissverständlich deutlich, dass er bereits eine Grenze überschritten hat. Dabei müssen wir uns klar machen, dass der andere sein Gesicht verliert. Im Grunde sagen wir nichts anderes, als dass er nicht in der Lage ist, sich angemessen zu benehmen.

Es beschert uns keine Nachteile, dem Angreifer einen Gesichtsverlust zu ersparen.

„Sie haben keinen Funken Mut und sind ein Feigling."

„Sie halten mich für einen Drückeberger." **Beziehung**

„Mein Zögern erzürnt Sie." **Selbstaussage**

„Sie erhoffen sich, dass ich endlich zustimme." **Aufforderung**

„Bist du eigentlich immer noch so erfolglos?"
„Du erwartest, dass ich dir berichte, wie es um mich steht." **Aufforderung**
„Du hältst mich für einen Versager." **Beziehung**
„Du bist ganz neugierig, was inzwischen passiert ist." **Selbstaussage**

„War die Frau an deiner Seite gestern abend dein neues Verhältnis?"
„Du möchtest gern mehr über meine derzeitigen Lebensumstände wissen."
Aufforderung
„Das beschäftigt dich sehr, wie du deine Beobachtung einordnen sollst."
Selbstaussage
„Du findest, dass ist ein Thema für uns beide." **Beziehung**

Ganz gleich auf welchen mitschwingenden Teil dieser distanzlosen Frage wir eingehen, wir richten die Aufmerksamkeit weg von
einer möglichen Beantwortung hin zum anderen, der nun fortfährt
zu sprechen.

Konfrontieren

Wer provozierend austeilt, rechnet nicht damit, dass sein Angriff
auf ihn zurückfällt. Genau darin liegt eine Möglichkeit, es dem anderen heimzuzahlen.

„Sie haben das fiese Grinsen eines Zuhälters."
„Sie scheinen sich in diesem Milieu gut auszukennen."

„Ihr Arbeitsplatz sieht schlimmer aus als ein Saustall."
„Ich wußte gar nicht, dass Sie so ordinär sein können."

„Deine Aufmachung sieht aus, als ob du in einem Porno mitmachen willst."
„Du scheinst ja in der Szene zu Hause zu sein."

Hier wird der Angreifer mit seinen eigenen Waffen geschlagen.
Das Lachen dürfte ihm im Halse stecken bleiben. Vielleicht macht
ihn unsere konfrontierende Retourkutsche in Zukunft vorsichtiger.
In der Konsequenz kann das aber heißen, dass uns der andere nur
dann angreift, wenn er sich sicher weiß. Schon ist der Sieg zerron-
nen, wie gewonnen.

Ein wertschätzender Konter kann den Angriff entschärfen.

„Sie haben das fiese Grinsen eines Zuhälters."
„Sie halten mich für verschlagen." **Beziehung**
„Sie erwarten, dass ich Sie respektvoller behandele." **Aufforderung**
„Das macht sie zornig." **Selbstaussage**

„Ihr Arbeitsplatz sieht schlimmer aus als ein Saustall."
„Ihnen liegt daran, dass ich ihn sofort reinige." **Aufforderung**
„Sie sind entsetzt." **Selbstaussage**
„Ich bin für Sie ein Chaot." **Beziehung**

„Deine Aufmachung sieht aus, als ob du in einem Porno mitmachen willst."
„Mein Anblick schockiert dich." **Selbstaussage**
„Du möchtest auf keinen Fall, dass ich dich so begleite." **Aufforderung**
„Du hältst mich für eine wandelnde Provokation." **Beziehung**

Sich mit der Aufforderung eines anderen auseinander zu setzen, heißt nicht zwangsläufig, ihr auch nachzukommen. Vielleicht helfen uns die nachgeschobenen Erläuterungen bei unserer Entscheidung. Legt der andere giftig nach, hilft uns das genauso wie eine beschwichtigende Erklärung. Stets können wir entscheiden, ob und wie wir die Beziehung zum anderen fortsetzen möchten. Wer uns angreift, braucht uns. Beenden wir den Kontakt, durchkreuzen wir die Pläne des anderen.

Psychologisieren

Eine weit verbreitete Reaktionsmöglichkeit besteht darin, dem anderen aufzuzeigen, aus welchen psychologischen Motiven heraus er handelt.

„Deine Freundin kann doch jeder haben."
„Du kommst doch nur nicht darüber hinweg, dass sie dich hat abblitzen lassen."
„Dein dauerndes Joggen kann einem ganz schön auf den Nerv gehen."
„Du bist ja nur neidisch, weil dir schon nach einem Kilometer die Puste ausgeht."
„Ich würde mich genieren, mit so einer Rostlaube herumzufahren."
„Manche Leute beziehen ihren Selbstwert aus einem Stück lackierten Blechs."

Selbst wenn die Deutung zutrifft, der andere wird gewiss nicht zustimmen. Wer mag schon in eine Schublade gesteckt weden? So beliebt das Psychologisieren ist, so rasch trägt es zum schnellen Aufschaukeln bei. Dem Angreifer bleibt nichts anderes übrig, als sich gegen diese Interpretation zu wehren.

Gekonntes kontern bewahrt uns vor weiteren Attacken.

„Deine Freundin kann doch jeder haben."
„In deinen Augen bin ich blind." **Beziehung**
„Du möchtest, dass ich mich von ihr trenne." **Aufforderung**
„Das erfüllt dich mit Widerwillen." **Selbstaussage**

„Dein dauerndes Joggen kann einem ganz schön auf den Nerv gehen."
„Das ärgert dich." **Selbstaussage**
„Ich soll dich nicht länger bitten, mitzulaufen." **Aufforderung**
„Du hältst mich für fanatisch." **Beziehung**

„Ich würde mich genieren, mit so einer Rostlaube herumzufahren."
„Dir wäre das peinlich." **Selbstaussage**
„Du willst, dass ich mich um ein anderes Auto bemühe." **Aufforderung**
„In deinen Augen bin ich ziemlich gleichgültig." **Beziehung**

Noch einfacher lässt sich ein Angriff kaum umlenken.

Ignorieren

Auf einen Angriff nicht einzugehen, kann Stärke zeigen. Entscheidend ist, ob wir zusammenzucken und verstummen, oder ganz bewusst mit Schweigen reagieren. Unsere Körpersprache verrät unser Innenleben. Wir können davon ausgehen, dass der Angreifer sehr genau auf unsere Reaktion achtet. Schließlich will er ja wissen, ob seine Attacke auch angekommen ist. Um nicht zu zeigen, dass wir uns provoziert fühlen, müssen wir genau das fortsetzen, was wir gerade taten. Gelingt es uns, einen Angriff zu überhören, läuft der Gegner ins Leere. Aber genau darin liegt die Gefahr: Wer will schon ins Leere laufen? Wir müssen uns vergegenwärtigen, dass Angreifer höchst erfinderisch sind, um ihre Ziele zu erreichen. Vielleicht provoziert unser Schweigen den anderen und er legt nach, um zu sehen, wie wir nun reagieren.

„Bei Frauen in deinem Alter ist das normal, dass sie aus dem Leim gehen."
Keine Reaktion.
„Du bist doch sonst nicht auf den Mund gefallen. Oder verschlägt es dir die Sprache?"
Ebenfalls keine Reaktion.
„Na, vielleicht ist es auch besser, wenn du nichts mehr sagst und Rücksicht nimmst auf meine geschundenen Ohren." Usw.

Was sich hier aufschaukelt, haben wir mit zu verantworten. Wir können uns jedoch für **Schweigen** entscheiden, wenn wir dabei **wertschätzend** sind.

Der andere möchte uns provozieren, also sind wir aufgefordert zu reagieren. Es gibt eine sehr einfache und zugleich höchst wirksame Reaktionsmöglichkeit:

Das **Schweigen mit aufforderndem Blickkontakt.** Hierbei zeigen Sie deutlich, dass die Äußerung des anderen bei Ihnen angekommen ist. Wenn Sie ihn schweigend anschauen, lautet Ihre körpersprachliche Antwort: „Ich höre dir zu. Sprich weiter!" Da sich der andere ernst genommen fühlt, reagiert er geradezu reflexhaft auf Ihre Aufforderung und spricht weiter.

Solange von uns keine Gegenaggression ausgeht, besteht die Möglichkeit, dass der Angreifer seine Provokation zurücknimmt oder abschwächt.

„Bei Frauen in deinem Alter ist das normal, dass sie aus dem Leim gehen."
Schweigen mit aufforderndem Blickkontakt.
„Entschuldige, damit meine ich nicht dich. Ich schaue mich hier nur so um."
Will der andere wirklich provozieren, hänselt er noch etwas weiter:
„Vielleicht drücke ich mich etwas direkt aus, aber mir ist aufgefallen, dass du in letzter Zeit etliche Kilo zugenommen hast."

Diese Art zu schweigen, kann bei minimalem Aufwand sehr gut zur Klärung beitragen. Denn nun können wir prüfen, ob sich der Angreifer Sorgen macht, Ekelgefühle entwickelt oder was ihn eigentlich stört. Natürlich können wir auch ganz direkt ansprechen, was für uns in dieser Aussage auch noch mitschwang.

„Bei Frauen in deinem Alter ist das normal, dass sie aus dem Leim gehen."
„Du möchtest, dass ich mehr auf meine Figur achte." **Aufforderung**
„Dich widert das an." **Selbstaussage**
„Auf dich wirkt meine Figur abstoßend." **Beziehung**

Feigheit ansprechen

Es gehört zu den verbreiteten Gemeinheiten, Beleidigungen in Hörweite auszusprechen, ohne uns direkt anzugehen. Während sich über uns verächtlich gemacht wird, erkennen wir deutlich die

Blicke auf uns gerichtet oder es fällt sogar unser Name. Manche Ratgeber empfehlen, offensiv den anderen mit seiner Hinterhältigkeit zu konfrontieren.

Zwei Kollegen unterhalten sich in Hörweite: „Wie tief muss der dem Abel reingekrochen sein, um so schnell befördert zu werden."
Direkt auf die Kollegen zugehen: „Sie trauen sich ja nur, diesen Satz hinter vorgehaltener Hand zu äußern. Zu mehr reicht Ihr Mut wohl nicht."
„Guck mal, wie die vor Unterrichtsbeginn den Stoff von der vorigen Stunde wiederholt. Die will sich doch nur einschleimen."
„Ihr seid doch nur zu feige, mit mir direkt zu reden."
„Dass dem noch keiner gesagt hat, dass er nach Schweiß riecht."
„Sie haben wohl Angst, darüber offen zu sprechen."

Wer andere indirekt angreift, rechnet nicht damit, darauf direkt angesprochen zu werden. Darin liegt die Wirksamkeit dieses Vorgehens. Es handelt sich gewiß um Feigheit, Beleidigungen in Hörweite auszusprechen, aber was – außer einem klaren Gesichtsverlust – wird erreicht, wenn dieser mangelnde Mut thematisiert wird?

Wer derartige Angriffe nicht überhören möchte, kann die mitschwingende Aussage ansprechen.

„Wie tief muss der dem Abel reingekrochen sein, um so schnell befördert zu werden."
„Und jetzt möchten Sie wissen, wie ich reagiere." **Aufforderung**
„Es fällt Ihnen schwer, die Entscheidung von Herrn Abel zu akzeptieren." **Selbstaussage**
„Sie scheinen äußert wenig von mir zu halten." **Beziehung**
„Guck mal, wie die vor Unterrichtsbeginn den Stoff von der vorigen Stunde wiederholt. Die will sich doch nur einschleimen."
„Für euch bin ich eine Streberin." **Beziehung**
„Das ich das auffrische, widert euch an." **Selbstaussage**
„Ihr wollt, dass ich auf die Null-Bock Haltung einschwenke." **Aufforderung**
„Dass dem noch keiner gesagt hat, dass er nach Schweiß riecht."
„Das stinkt Ihnen, im wahrsten Sinne des Wortes." **Selbstaussage**
„Sie trauen mir nicht zu, dass ich das direkt gesagt verkrafte." **Beziehung**
„Sie bauen darauf, dass ich diesen Wink mit dem Zaunpfahl verstehe." **Aufforderung**

„Das ist Ihr Problem"

Manche Ratgeber empfehlen, auf grobe Angriffe und Unterstellungen mit einem Standardsatz zu reagieren, und dadurch zu zeigen, wie wenig man sich vom anderen betroffen machen lässt.

„Ehe Sie hier eine dicke Lippe riskieren, sollten Sie noch eine ganze Menge lernen."
„Das ist Ihr Problem."
„Was Sie bislang zur Problemlösung beigesteuert haben, ist mehr als dürftig."
„Das ist Ihre Meinung."
„Frauen und Technik, das kann ja nicht gut gehen."
„Das ist Ihre Sicht."

In der Tat halten wir mit solchen Erwiderungen den anderen auf Distanz. Gleichzeitig lassen wir den anderen spüren, dass wir nicht bereit sind, uns mit seinen dümmlichen Angriffen auseinanderzusetzen. Genau darin liegt wieder die Gefahr: Der andere merkt, dass seine Äußerung als isolierte Einzelmeinung dargestellt wird. Das wird er sich kaum gefallen lassen. Entweder bastelt er an einer Revanche oder kartet sogleich nach, beispielsweise:

„Frauen und Technik, das kann ja nicht gut gehen."
„Das ist Ihre Sicht."
„Von wegen! Die Erfahrung müssen Millionen von Männern jeden Tag machen, dass Frauen keinerlei technisches Verständnis mitbringen."

Damit sich der Angreifer nicht auf eine weitere Attacke konzentriert, gilt wieder einmal, dass wir dazu beitragen müssen, dass er sein Gesicht wahren kann.

„Ehe Sie hier eine dicke Lippe riskieren, sollten Sie noch eine ganze Menge lernen."
„Sie erwarten, dass ich mich mehr zurückhalte." **Aufforderung**
„In Ihren Augen bin ich zu vorlaut." **Beziehung**
„Meine Äußerung reizt Sie." **Selbstaussage**

„Was Sie bislang zur Problemlösung beigesteuert haben, ist mehr als dürftig."
„Das enttäuscht Sie." **Selbstaussage**
„Sie rechnen mit qualifizierteren Beiträgen." **Aufforderung**
„Für Sie bin ich ein Dünnbrettbohrer." **Beziehung**

„Frauen und Technik, das kann ja nicht gut gehen."
„Das macht Ihnen Verdruss." **Selbstaussage**

„Sie möchten, dass ich mich das heraushalte." **Aufforderung**
„Sie trauen mir nicht viel zu." **Beziehung**

Eine andere Reaktionsmöglichkeit besteht darin, die Meinung eines anderen als **eine von mehreren Möglichkeiten** gelten zu lassen. Dabei nehmen wir den anderen Ernst, ohne ihm zuzustimmen.

Während einer Eigentümerversammlung äußert eine Mitbewohnerin: „Wir haben beim Übergang vom Dach in die Wand immer wieder Schimmel. Könnte man da nicht einen Fachmann kommen lassen, um mal nach dem rechten zu sehen."
„Wenn ich das schon höre. Da soll ein Fachmann kommen, weil manche Leute einfach nicht in der Lage sind, richtig zu lüften."
„Das wäre eine mögliche Erklärung. Vielleicht gibt es noch andere Gründe, warum es zu diesem Schimmelbefall kommt. Was spricht dagegen, das prüfen zu lassen?"

Diese Reaktion ist nicht nur souverän und entschärft den giftigen Angriff, sie ist auch zielführend. Statt eines unergiebigen Scharmützels über richtiges Lüften, führt dieser gekonnte Konter rasch zum eigentlichen Ziel: Ein Fachmann prüft, woher der Schimmel kommt.

Jede der hier besprochenen zwanzig Möglichkeiten, schlagfertig auf den Angriff eines anderen zu reagieren, mag uns ein Gefühl der Genugtuung bereiten. Meine diesbezüglichen Zweifel habe ich nicht hinter dem Berg gehalten, indem ich jedes Mal erläutert habe, welchen Preis wir dabei bezahlen müssen.

Jetzt möchte ich einen anderen Gedanken vertiefen: Zwanzig Techniken bieten nicht nur eine große Vielfalt, sie erfordern auch ein entsprechendes Training. Darüber hinaus sind wir jedes Mal neu gefordert, die zur jeweiligen Situation passende Technik auszuwählen. Bei allen Beispielen der zwanzig Techniken habe ich aufgezeigt, wie wir mit nur drei Reaktionsmöglichkeiten den Angriff souverän entschärfen können.

Sobald Sie gelernt haben, die mitschwingende Aufforderung, die Selbstaussage oder die Beziehung anzusprechen, müssen Sie nicht mehr darüber nachdenken, was jetzt am besten passen könnte. Mit jeder dieser drei Reaktionen lenken Sie die Aufmerksamkeit so auf den anderen, dass dieser ohne Gesichtsverlust den Kontakt mit Ihnen fortsetzen kann.

Wofür Sie sich in einer Situation entscheiden, wird wesentlich von Ihrem persönlichen Stil, Ihrer momentanen Stimmung und Ihren Absichten – bezogen auf den anderen – bestimmt.

Nachwort

Die Frage „Wie kontere ich richtig?" führt in eine höchst zweifelhafte Richtung. Denn die Frage selbst vermittelt bereits den Eindruck, es gebe für jede Form von Angriff auch eine passende Anwort. Dabei wird die Komplexität menschlicher Beziehungen in gefährlicher Weise vereinfacht. Was Not tut, ist ein Reagieren jenseits von richtig und falsch. Gekonntes Kontern beruht auf der Fähigkeit zu einer konstruktiven Steuerung widerstrebender Interessen. Statt also der Frage nachzugehen, „Wie kontere ich richtig?" geht es um die Klärung der Polaritäten:

- „Was will ich – was will der andere?
- „Wer bin ich – wer ist der andere?"
- „Welche Sinn kann und will ich der Situation geben – welche Sinngebung kann ich beim anderen ausmachen?

Wenn wir diesen Fragen nachgehen, erweitern wir unsere **persönliche Kompetenz.** Statt irgendwelche vorgefertigten Formulierungen zu kopieren, geht es um Entdecken und Wahrnehmen von Beziehungen.

Wenn wir Angriffe souverän entschärfen, machen wir immer wieder die Erfahrung, dass hinter dem, was als Provokation empfunden wird, oftmals etwas ganz anderes steckt. – Spitzzüngigkeit, Ungerechtigkeit, übertriebene Kritik, Ironie, Sarkasmus und Schweigen können wir als unfairen Angriff deuten oder auch als unvollständige Aussage nehmen. Unvollständig, weil wir nicht erfahren konnten, wie die Äußerung genau zu verstehen ist bzw. worauf sie im Detail abzielt.

Statt Ihnen „richtiges Kontern" zu verkünden, das vielfach zu künstlichem und antrainiert wirkendem Verhalten führt, bietet Ihnen dieses Buch an, Ihren eigenen, zur jeweiligen Situation passenden Reaktionsstil zu entwickeln. Sie erleben, wie Sie mit Ihrer Reaktion die weitere Beziehung gestalten. Das stärkt Ihr Selbstbewusstsein und führt zu der erwähnten Erweiterung Ihrer persönlichen Kompetenz.

Ein Nebeneffekt dieser Entwicklung ist die Tatsache, dass Ihr gestärktes Selbstbewusstsein Sie viel seltener Situationen erleben lässt, die Sie als Angriff empfinden.

Viele Aussagen und Beispiele dieses Buches erwecken den Eindruck, als ob es mir ausschließlich um eine Verfeinerung von Techniken geht. Es zieht sich jedoch ein roter Faden durch alle Kapitel: **Wertschätzung und Einfühlung.** Wer versuchen will, die hier gefundenen Anregungen zu seinem Vorteil zu nutzen und es dabei an der **notwendigen Wertschätzung** seines jeweiligen Gegenübers mangeln lässt, wird genau die gleichen Erfahrungen machen, wie eh und je. Wem diese Anregungen jedoch zu einer **Einstellung** geführt haben, Situationen so zu gestalten, dass sich der Gesprächspartner – selbst wenn er bewusst angreift – grundsätzlich ernst genommen fühlt, erlebt Reichtum und Fülle an und in Beziehungen.

Literatur

Berckhan, Barbara: Die etwas intelligentere Art, sich gegen dumme Sprüche zu wehren – Selbstverteidigung mit Worten, München 2001.

Bredemeier, Karsten: Provokative Rhetorik? Schlagfertigkeit! München 2000.

Bredemeier, Karsten: Nie wieder sprachlos! Ihr persönliches Übungsbuch für kommunikative Intelligenz. Landsberg 2000.

Bredemeier, Karsten: Schwarze Rhetorik – Macht und Magie der Sprache, Zürich 2002.

Dahms, Matthias und Dahms, Chrisoph: Schlagfertig sein in Rede und Verhandlung. Sicher und selbstbewusst mit Sprache umgehen. Blackout, Lampenfieber, Störer und mehr, Wermelskirchen 1996.

Dahms, Matthias und Dahms, Chrisoph: Schlagfertigkeit, Wermelskirchen 1999.

Drews, Gerald: Lexikon der schlagfertigen Sprüche. Augsburg 1991.

Heckler, Richard: Aikido und der Neue Krieger. Essen 1988.

Johanson, Greg und Kurtz, Ron: Sanfte Stärke. Heilung im Geiste des Tao te kind. München 1993.

Lay, Rupert: Dialektik für Manager. Methoden des erfolgreichen Angriffs und der Abwehr. München 1979.

Lay, Rupert: Führen durch das Wort, Frankfurt 1987.

Nölke, Matthias: Schlagfertigkeit, München 2002.

Nocquet, André: Der Weg des Aikido. Leben und Vermächtnis des Aikido-Gründers O-Sensei Morihei Uyeshiba. Leimen 1988.

Pack, Bodo: Schlag zurück! Books on demand 2001.

Pöhm, Matthias: Nicht auf den Mund gefallen! – So werden Sie schlagfertig und erfolgreich, Landsberg 2000.

Protin, André: Aikido. Die Kampfkunst ohne Gewalt: Ein Weg der Selbstfindung und Lebensführung, München 1997.

Schulz von Thun, Friedemann: Miteinander reden. Störungen und Klärungen. Reinbek 1981.

Trevisan, Adriano: Aikido. Das große Lehr- und Übungsbuch. München 1995.

Weghorn, Peter: Der Rhetorik-Profi. Wien 1996.

Weisbach, Christian-Rainer: Professionelle Gesprächsführung, München 2003.

Weller, Maximilian: Die schlagfertige Antwort, Bergisch Gladbach 1978.

Zittlau, Dieter: Schlagfertig kontern in jeder Situation. München 1998.

Anhang

Viele Menschen können auf die Gefühle eines anderen nur schwer eingehen, weil ihr aktiver Wortschatz dafür zu begrenzt ist. Weil ich in meinen Seminaren immer wieder darum gebeten werde, eine Liste von „Gefühlsausdrücken" zur Verfügung zu stellen, finden Sie im folgenden eine Sammlung von gut hundert Empfindungen und Stimmungen mit ihrer jeweiligen Wortbedeutung.

Manche Leser werden sich angesichts der folgenden Listen an das mühsame Pauken von Vokabeln erinnert fühlen. Wenn ich den Vergleich fortspinne, dann ähneln die in diesem Buch beschriebenen Strukturen der Grammatik einer Sprache. Und jeder weiß, dass es nicht reicht, die Regeln einer fremden Sprache verstanden zu haben. Um uns auszudrücken, sprich, um unsere Ziele zu erreichen, benötigen wir die entsprechenden Wörter.

Gefühle des Ärgers

- sich ärgern, ärgerlich, Ärger, Ärgernis: Gefühl des Gereiztseins (durch Enttäuschung, Missfallen, Unzufriedenheit hervorgerufen)
- verärgern, Verärgerung: durch ständiges Ärgern in üble Laune oder gereizte Stimmung bringen
- zürnen, zornig, Zorn: heftiger, leidenschaftlicher Unwille
- wüten, wütend, Wut: unbeherrscht ausbrechender heftiger Zorn
- hassen, Hass: feindselige Abneigung
- aufbrausen: schnell zornig werden und seinen Zorn erregt äußern
- sich empören, empört, empörend, Empörung: Erregung, die sich in heftigen Worten entlädt
- sich entrüsten, Entrüstung: sich ereifern, sich erregen
- gereizt, gereizte Stimmung: erregt sein
- grollen, Groll: unterdrückter Ärger
- verargen: übel nehmen
- verbittert, Verbitterung: von stetigen Groll erfüllt sein
- verletzt, Verletzung: im Stolz getroffen sein

Gefühle des Kummers und der Trauer

- trauern, traurig, Trauer: seelischen Schmerz empfinden
- trostlos, Trostlosigkeit: traurig, unerfreulich, hoffnungslos

- leiden, Leid: bedrückt sein; etwas mit sich herumschleppen
- bekümmert, kummervoll, Kümmernis, Kummer: bedrückt, niedergeschlagen
- sich grämen, Gram: über etwas bekümmert sein
- bedrückt, Bedrücksein: beklommen, niedergeschlagen, sorgenvoll sein, bekümmert
- sich langweilen, gelangweilt, Langeweile: etwas trostlos finden
- trübselig, Trübsal: missmutige, traurige Stimmung
- trübsinnig, Trübsinn: sehr niedergeschlagene, düstere Stimmung
- verdrossen, Verdrossenheit: missmutig, lustlos sein, misslaunig
- verdrießen, Verdruss: Verstimmt, unzufrieden
- verzweifeln, Verzweiflung: Hoffnungslosigkeit
- ratlos, Ratlosigkeit: sich keinen Rat wissen
- hilflos, Hilflosigkeit: sich selbst nicht helfen können
- ohnmächtig, machtlos, Ohnmacht: nichts ausrichten können
- ausgeliefert: preisgegeben, ausgesetzt sein
- gekränkt, Kränkung: gefühlsmäßig verletzt sein

Gefühle der Sorge und des Zweifels

- sich ängstigen, ängstlich, Angst: von einem Gefühl der Unsicherheit, der Besorgnis erfüllt sein
- sich fürchten, furchtsam, Furcht: Angst haben angesichts einer drohenden Gefahr
- Befürchten, Befürchtung: Unangenehmes ahnen, fürchten
- sich sorgen, besorgt, Besorgnis: bedacht sein auf jemand/etwas
- sich aufregen, aufgeregt, Aufregung: in Erregung versetzt sein
- bestürzt, Bestürzung: erschrecken auf Grund von etwas Unerwartetem
- Erschüttert: Im Innersten betroffen
- verzagen, zaghaft, verzagt, Zaghaftigkeit: die Hoffnung, Zuversicht, das Selbstvertrauen verlieren
- bangen, bange, Bange: in großer Sorge um jemand sein
- bedenklich, Bedenken: Befürchtungen hegen
- zweifeln, Zweifel: unsicher in bezug auf etwas
- sich zerrissen fühlen, Zerrissenheit: hin- und hergezogen sein, aus Unentschlossenheit zögern
- zaudern, Zaudern, Zauderei: sich nur langsam entschließen können, immer wieder zögern
- skeptisch, Skepsis: auf Grund von Zweifeln zurückhaltend sein
- unentschlossen: noch nicht entschieden sein

- überfordert, Überforderung: zu stark beansprucht sein
- unsicher, sich unsicher fühlen: durch eine Gefahr bedroht
- misstrauen, misstrauisch: argwöhnisch sein
- eifersüchtig, Eifersucht: übersteigerte Furcht, die Zuneigung eines anderen teilen zu müssen oder zu verlieren
- argwöhnen, Argwohn hegen: misstrauisch sein
- grauen, Grauen: beim Gedanken an etwas Zukünftiges Angst empfinden
- entsetzen, entsetzt, Entsetzen: außer Fassung geraten
- sich erschrecken, erschreckt, Schreck, Schrecken: in Angst versetzt werden
- panisch, Panik: kopflos durch übermächtige Angst

Gefühle der Freude und Lust

- sich freuen, Freude: froh sein
- froh, fröhlich, Fröhlichkeit: vergnügt sein, heiter sein
- erleichtert, Erleichterung: von einer Sorge befreit sein
- glücklich, Glück: von tiefer Freude erfüllt sein
- vergnügt, Vergnügen: fröhlich, heiter und zufrieden sein
- behagen, behaglich, Behagen: sich wohltuend zufrieden fühlen
- zufrieden, Zufriedenheit: innerlich ausgeglichen sein
- befriedigt, Befriedigung: erfüllt und zufrieden sein
- zuversichtlich, Zuversicht: voller Hoffnung sein
- wagemutig, Wagemut: Mut zum Risiko haben
- schwungvoll, Schwung: mit viel Dynamik und Tempo
- begeistert, Begeisterung: freudig erregt
- fasziniert, Faszination: gefesselt, angezogen sein
- entzücken, entzückt, Entzücken: Zustand höchster Begeisterung
- stolz, Stolz: mit Selbstbewusstsein und Freude erfüllt sein
- heiter, Heiterkeit: unbeschwert, heiter, fröhlich sein

Gefühle der Überraschung

- überrascht, Überraschung: in Erstaunen versetzt sein, unerwartet
- erstaunt, Erstaunen: verwundert sein
- enttäuscht, Enttäuschung: betrübt sein, da sich Erwartungen nicht erfüllt haben
- verblüffen, verblüfft, Verblüffung: sprachlos sein vor Überraschung
- sich verwundern, verwundert, Verwunderung: erstaunt sein über etwas
- verwirrt, Verwirrung: im klaren Denken beeinträchtigt sein

- sprachlos, Sprachlosigkeit: vor Erstaunen keine Worte haben
- schockiert, Schock: fassungslos vor Entrüstung sein
- überwältigt, Überwältigung: von großer Intensität ergriffen sein

Gefühle von Scham und Ekel

- sich ekeln, angeekelt, Ekel: von heftigem Widerwillen ergriffen sein
- abgeneigt, Abneigung: bewusstes Gefühl von Ablehnung
- grausen, grausig Graus: sich ekeln, Furcht empfinden
- widerstreben, widerwillig, Widerwillen: heftige Abneigung empfinden
- verachten, Verachtung: jemanden stark gering schätzen
- verabscheuen, abscheulich, Abscheu: starke Ablehnung
- sich schämen, Scham: quälendes Gefühl von Schuld und Versagen
- peinlich, Peinlichkeit: Verlegenheit
- blamiert, Blamage: etwas Peinliches, Beschämendes
- bloßgestellt, Bloßstellung: Aufzeigen einer Schwäche vor anderen
- verlegen, Verlegenheit: Befangenheit; Verwirrung
- neiden, neidisch, Neid: dem anderen etwas nicht gönnen
- missgönnen, Missgunst: nicht gönnen
- unterlegen, Unterlegenheit: schwächer sein als der andere
- mutlos, Mutlosigkeit: ohne Zuversicht sein
- bereuen, Reue: etwas sehr bedauern
- gedemütigt, Demütigung: erniedrigt
- zerknirscht, Zerknirschung: schuldbewusst sein und bereuen

Gefühle von Verständnis und Liebe

- lieben, Liebe: innige Zuneigung zu jemand empfinden
- verliebt, Verliebtheit: von Liebe ergriffen sein
- vernarrt, Vernarrtheit: unüberlegte Zuneigung
- akzeptiert, Akzeptanz: Billigung; sich angenommen fühlen
- geborgen, Geborgenheit: Sicherheit und Schutz empfinden
- sich hingeben, Hingabe: völliges Aufgehen in etwas
- vertrauen, Vertrauen: sich auf jemand verlassen können
- zugeneigt, Zuneigung: liebevolle Empfindung
- verbunden, Verbundenheit: Gefühl von Zusammengehörigkeit
- Verständnis zeigen, sich verstanden fühlen: Fähigkeit, sich in jemand hineinzudenken

Buchanzeigen

Professionelle Gesprächsführung

Ein praxisnahes Lese- und Übungsbuch

Von Christian-Rainer Weisbach

6. Auflage 2003. XIII, 481 Seiten.
Kartoniert € 12,–
(dtv-Band 5845)

Erfolgreiches Führen im Alltag ist ohne Gespräch nicht denkbar - mit Mitarbeitern, Vorgesetzten oder Kunden, mit Partnern, Kindern oder Freunden. Obwohl Gesprächsführung weder Schul- noch Ausbildungsfach ist, erfordert es wie Lesen, Schreiben und Rechnen ganz spezifische Kompetenzen. Wie sich das eigene Können optimieren lässt, um das Gespräch als Mittel der Führung sinnvoll, zweckmäßig, zielorientiert und rationell zu nutzen, vermittelt dieses Buch praxisnah.

Diese überarbeitete 6. Auflage bringt das Buch wieder auf den neuesten Stand (z.B. mit dem neuen Kapitel „Körpersprache"). Es ist nach wie vor das „Lehrbuch" für Führungskräfte sowie diejenigen, die im Gespräch „verführt" werden könnten.

Der Autor **Prof. Dr. Christian-Rainer Weisbach** lehrt und forscht an den Universitäten Hohenheim und Tübingen und arbeitet seit 25 Jahren als Personalentwickler, Coach und Trainer/Referent. Er ist Autor zahlreicher Veröffentlichungen zur Alltagskommunikation, zu Ausbildungsfragen und zur Emotionalen Intelligenz.

Beck-Wirtschaftsberater im **dtv**

Leadership
in Professional Conversation

Translation of
»Professionelle Gesprächsführung«

By Christian-Rainer Weisbach
and Petra Sonne

Approx. 400 p.
Softcover approx. € 14,–

Due for publication
in autumn 2004

Having success as a leader can only be achieved by communication. Everyday we lead conversations – with employees, colleagues, and customers – with our partners, children, and friends. Professional communication requires specific competencies. How you can optimize your skills in using meaningful, goal-oriented, and effective communication as a means of leadership, is told here with practical examples.

Over the past years, "Leading Professional Conversation" has developed to be a guiding handbook for all, who want to lead in and by conversation.

With this first English edition Beck and the Deutscher Taschenbuch Verlag answer the growing demand for professional conversation in a globalized business environment. The concepts described in this book have proven to be independent from cultural differences, given the fact that they do not focus on specific rules which may differ between regions, but are built on the psychological background and on the common human need for attention and appreciation.

Prof. Dr. Christian-Rainer Weisbach teaches at the universities of Tuebingen and Hohenheim. For 25 years now he has been active in human resources development as a trainer and management coach. He is the author of numerous publications on communication, education, and emotional intelligence.

Beck-Wirtschaftsberater im

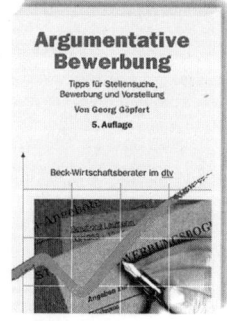

BeamtR ·
Beamtenrecht

BundesbeamtenG,
BeamtenrechtsrahmenG,
BundesbesoldungsG,
BeamtenversorgungsG,
BundesdisziplinarG,
Beihilfevorschriften und
weitere Vorschriften des
Beamtenrechts.

Textausgabe.
20.A. 2004. 578 S.
€ 8,50. dtv 5529

BAT · Bundes-
Angestelltentarifvertrag

mit Vergütungstarifverträ-
gen, Versorgungs-Tarifver-
trägen und anderen Tarif-
verträgen, Bundespersonal-
vertretungsG mit Wahlord-
nung, Beihilfevorschriften.

Textausgabe.
15.A. 2003. 318 S.
€ 6,50. dtv 5553

Göpfert
Argumentative
Bewerbung

Tipps für die Stellensuche,
Bewerbung und Vorstel-
lung.
Anschauliche Beschreibun-
gen und Beispiele, Formu-
lierungsvorschläge und
praxisnahe Tipps helfen,
ein individuelles Bewer-
bungskonzept zu entwik-
keln und in allen Phasen
der Bewerbung überzeu-
gend zu argumentieren.

5.A. 2002. 190 S.
€ 9,–. dtv 5818 €

BAT-O · Bundes-
Angestelltentarifvertrag
– Ost

Tarifverträge für Angestellte
und Auszubildende.

Textausgabe.
10.A. 2003. 252 S.
€ 8,–. dtv 5565

Der Start in den Beruf

Nasemann
Richtig bewerben

Praktische Hinweise für die
Stellensuche, Inhalt und
Form der Bewerbung, alle
Rechtsfragen zu Vorstel-
lungsgespräch und
Einstellungstest.

5.A. 2002. 129 S.
€ 7,–. dtv 50608 §

Zeichenerklärung: § Rechtsberater € Wirtschaftsberater

Der Bewerbungs-ratgeber

Praktische Tipps für Wiedereinsteiger und Absolventen

Von Uschi Schabert und Birgit Lattke

1. Auflage

Beck-Wirtschaftsberater im dtv

Schabert/Lattke
Der Bewerbungsratgeber

Praktische Tipps für Wiedereinsteiger und Absolventen.

1.A. 2001. 145 S.
€ 8,50. dtv 50856 €

Lee
Jobsuche weltweit

Global Job-Seeking Strategies in English. Bewerben in englischer Sprache. Mit Informationen zu Arbeitsmärkten, Branchen, Gehältern, Einreisebestimmungen, Arbeitserlaubnis, Förderprogrammen, Arbeitsverträgen, Sozialabgaben, Recherchemöglichkeiten u.v.m.

1.A. 2004. Rd. 200 S.
Ca. € 10,–. dtv 50867 €

In Vorbereitung für Sommer 2004

Knieß
Kreatives Arbeiten

Methoden und Übungen zur Kreativitätssteigerung.

1.A. 1995. 228 S.
€ 8,64. dtv 5873 €

Hugo-Becker/Becker
Motivation

Neue Wege zum Erfolg.

1.A. 1997. 419 S.
€ 10,17. dtv 5896 €

Mensch und Beruf

Das Job-Lexikon

Erste Hilfe für den Berufsstart

Von Susanne Reinker

Beck-Wirtschaftsberater im dtv

Reinker
Das Job-Lexikon

Erste Hilfe für den Berufsstart.
Informationen, praktische Tipps, Denkanstöße sowie eine Übersicht über die tiefsten Fettnäpfe und die cleversten Tricks.

1.A. 2004. 768 S.
€ 19,50. dtv 50878 €

Neu im Juni 2004

Work-Life-Balance

Wie Sie Berufs- und Privatleben in Einklang bringen

Von Manfred Cassens

Beck-Wirtschaftsberater im dtv

Cassens
Work-Life-Balance

Wie Sie Ihr Berufs- und Privatleben in Einklang bringen.
Möglichkeiten für ein System zur erfolgreichen Bewältigung Ihrer individuellen Aufgaben und zur Vermeidung von Zivilisationskrankheiten.

1.A. 2003. 214 S.
€ 9,50. dtv 50872 €

Erfolgreich im Team

Praxisnahe Anregungen für effiziente Team- und Projektarbeit

Von Christoph V. Haug

3. Auflage

Beck-Wirtschaftsberater im dtv

Haug
Erfolgreich im Team

Praxisnahe Anregungen für effiziente Team- und Projektarbeit.
Mit Diagnose von Erfolgsfaktoren und konkreten Hilfestellungen.

3.A. 2003. 187 S.
€ 9,–. dtv 5842 €

Bender
Teamentwicklung

Der effektive Weg zum „Wir".
Systematische Führung durch die Phasen der Teamentwicklung mit Anleitung für effiziente Teamleitung.

1.A. 2002. 284 S.
€ 12,50. dtv 50858 €

Mensch und Beruf

Fuchs-Brüninghoff/Gröner
Zusammenarbeit erfolgreich gestalten
Eine Anleitung mit Praxisbeispielen.
1.A.1999. 203 S.
€ 9,15. dtv 50834 €

Lang
Schlüsselqualifikationen
Handlungs- und Methoden-kompetenz, personale und soziale Kompetenz.
Wie mehr Menschlichkeit am Arbeitsplatz zu mehr Wirtschaftlichkeit führt.
1.A.2000. 600 S.
€ 15,08. dtv 50842 €

Zander/Femppel
Praxis der Personalführung
Was Sie tun und lassen soll-ten. Das Was und Wie der Personalführung, 99 Tipps, Fallbeispiele, Führungsgrundsätze.
1.A.2001. 129 S.
€ 8,50. dtv 50841 €

Lobscheid
Mitarbeiter einvernehmlich führen
Dieser Wirtschaftsberater zeigt, wie durch positives Führungsverhalten Zufrie-denheit und Erfolgsorientie-rung entstehen und auch Verantwortungsbereitschaft.
2.A.1998. 253 S.
€ 8,64. dtv 5848 €

Hugo-Becker/Becker
Psychologisches Konfliktmanagement
Menschenkenntnis –
Konfliktfähigkeit –
Kooperation.
3.A.2000. 411 S.
€ 10,17. dtv 5829 €

Schanz/Gretz/Hanisch/Justus
Alkohol in der Arbeitswelt
Fakten – Hintergründe –
Maßnahmen.
1.A.1995. 281 S.
€ 8,64. dtv 5879 €

Mentzel
Personalentwicklung
Erfolgreich motivieren, fördern und weiterbilden. Bedarfsfeststellung, Pla-nung und Durchführung der Förder- und Bildungs-maßnahmen, Kosten- und Erfolgskontrolle.
1.A.2001. 312 S.
€ 10,–. dtv 50854 €

Drzyzga
Personalgespräche richtig führen
Ein Kommunikationsleitfaden. Der rasche Überblick über die fachlichen und psycho-logischen Faktoren des Gesprächs mit Mitarbeitern.
1.A.2000. 148 S.
€ 8,64. dtv 50840 €

Weisbach
Professionelle Gesprächsführung
Ein praxisnahes Lese- und Übungsbuch.
Wie das Gespräch als Mittel der Führung zweckmäßig, zielorientiert und rationell genutzt werden kann.
Für Führungskräfte und alle, die es werden wollen.
6.A.2003. 494 S.
€ 12,–. dtv 5845 €

Zander/Femppel
Praxis der Mitarbeiter-Information
Effektiv integrieren und motivieren. Motivation von Mitarbeitern mit gezielter und empfängerorientierter Information.
1.A.2002. 103 S.
€ 8,50. dtv 50860 €

Mensch und Beruf

Neuhäuser-Metternich
**Kommunikation
im Berufsalltag**
Verstehen und verstanden
werden.

1.A.1994. 300 S.
€ 8,64. dtv 5869 €

Jeske
Erfolgreich verhandeln
Grundlagen der Verhand-
lungsführung.

1.A.1998. 238 S.
€ 8,64. dtv 50824 €

**Moderation
und Training**
Ein praxisorientiertes Handbuch
Von Martin Haberzettl
und Thomas Birkhahn

Beck-Wirtschaftsberater im dtv

Haberzettl/Birkhahn
**Moderation
und Training**

Ein praxisorientiertes Handbuch.
Das Buch zeigt eine Auswahl
hocheffektiver Methoden
des NLP und anderer Ver-
fahren so, dass sie unmit-
telbar anwendbar und
sofort umsetzbar sind.

1.A.2004. 288 S.
€ 12,50. dtv 50866 €

Mentzel
Rhetorik
Sicher und erfolgreich
sprechen.
Bausteinsystem für die
Vorbereitung und Durch-
führung eines Vortrags.
Zahlreiche Übungen, um
die vorgestellten Regeln
und Empfehlungen im
Einzel- oder Gruppen-
training zu vertiefen.

1.A.2000. 228 S.
€ 8,44. dtv 50845 €

Nückles/Gurlitt/Pabst/
Renkl
**Mind Maps und
Concept Maps**

Visualisieren, Organisieren,
Kommunizieren.
Mit Lern- und Arbeits-
techniken das individuelle
und kooperative Wissens-
management auf einfache
wie effektive Weise unterstützen.

1.A.2004. 162 S.
€ 9,50. dtv 50877 €

Neu im August 2004

Breger/Grob
**Präsentieren
und Visualisieren**

... mit und ohne Multimedia.
Detaillierte Schilderung
unterschiedlicher Präsen-
tationsmöglichkeiten bis
hin zur aufwendigen Multi-
mediapräsentation.

1.A.2003. 265 S.
€ 11,–. dtv 50855 €

**Wie halte ich
eine gute Rede?**
In 7 Schritten zum Publikumserfolg
Von Peter Klotzki

Beck-Wirtschaftsberater im dtv

Klotzki
**WIe halte Ich
eine gute Rede?**

In 7 Schritten zum Publi-
kumserfolg.
Perfektes Reden kann jeder
lernen. Das Buch zeigt die
richtige Technik und liefert
das nötige Handwerkszeug
für die schnelle Anwendung
in der Praxis.

1.A. 2004. 116 S.
€ 8,–. dtv 50873 €

**Präsentieren
und Visualisieren**
– mit und ohne Multimedia –
Von Wolfram Breger
und Heinz Lothar Grob

Beck-Wirtschaftsberater im dtv

Mensch und Beruf

Barth
Telefonieren mit Erfolg

Die Kunst des richtigen
Telefonmarketing.
Dieser Berater betrachtet
Telefonmarketing als Wirt-
schaftsfaktor und Marke-
ting-Instrument und führt
in die Grundlagen der
Kommunikation ein.
Bewährte Methoden und
Tricks werden ebenso vor-
gestellt wie kluge Frage-
techniken.

1.A. 2001. 143 S.
€ 7,50. dtv 50846　€

Briese-Neumann
**Erfolgreiche Geschäfts-
korrespondenz**

Perfektion in Form und
Stil.
Dieser Ratgeber liefert
das Handwerkszeug für
professionelle Korrespon-
denz und für das Texten
generell.

2.A. 2001. 303 S.
€ 10,–. dtv 5878　€

Briese-Neumann
**Optimale
Sekretariatsarbeit**

Büroorganisation und
Arbeitserfolg.
Ein Leitfaden für Chefs und
Sekretariatsmitarbeiter.
Mit Checklisten, Tipps
und Beispielen.

1.A.1998. 308 S.
€ 10,17. dtv 50804　€

Baumert
Professionell texten

Tipps und Techniken für
den Berufsalltag.
In kleinen und mittleren
Unternehmen müssen
viele Mitarbeiter mit ihren
Texten die Firma wirksam
vertreten und schreiben
wie die Profis, ohne dies
wirklich erlernt zu haben.
Hier hilft das Buch mit
handfesten Erklärungen.

1.A. 2003. 222 S.
€ 10,–. dtv 50868　€

Assig
**Frauen in
Führungspositionen**

Die besten Erfolgskonzepte
aus der Praxis.
*„Warum Frauen in der
Wirtschaft zunehmend
gefragt sind – nein, besser:
wären? Dorothea Assigs
Buch führt eine ganze
Reihe von Argumenten auf
– nicht aus der Hüfte
geschossen, sondern wis-
senschaftlich fundiert."*
　　　　Süddeutsche Zeitung

1.A. 2001. 252 S.
€ 10,–. dtv 50849　€

MitbestG · Mitbestimmungsgesetze

Mitbestimmung in den Unternehmen, mit den Wahlordnungen 2002 zum Mitbestimmungsgesetz.

Textausgabe.
7.A. 2003. 351 S.
€ 10,–. dtv 5524

SGB III · Arbeitsförderung

mit LeistungsentgeltVO 2004, Tabellen Arbeitslosengeld 2004, Arbeitslosenhilfe 2004, AltersteilzeitG und weiteren wichtigen Vorschriften. Mit Hartz III und IV.

Textausgabe.
9.A. 2004. Rd. 430 S.
Ca. € 9,–. dtv 5597

In Vorbereitung für Juni 2004

Schulz
Kündigungsschutz im Arbeitsrecht von A–Z

Alle wesentlichen Fragen zum Thema „Kündigung und Kündigungsschutz" in rund 400 Stichwörtern erläutert.

3.A. 2002. 294 S.
€ 8,–. dtv 5070

Notter/Obenaus/Ruf
Arbeitsrecht in Frage und Antwort

Fragen und Antworten rund um das Arbeitsverhältnis.

1.A. 2004. Rd. 300 S.
Ca. € 10,–. dtv 50629

In Vorbereitung für Sommer 2004

Wetter
Ärger im Betrieb

Hilfestellung bei Abmahnung und Kündigung, Mobbing und allen weiteren Problemen am Arbeitsplatz.

2.A. 2004. 207 S.
Ca. € 8,50. dtv 50606

Erscheint im Mai 2004

Schaub/Kreft
Der Betriebsrat

Aufgaben – Rechte – Pflichten.
Mit der Reform der Betriebsverfassung.
Wahl und Organisation des Betriebsrats, Mitbestimmung in sozialen und personellen Angelegenheiten, Beteiligung des Betriebsrats in wirtschaftlichen Angelegenheiten, Verfahren nach dem BetrVG.

7.A. 2002. 688 S.
€ 14,–. dtv 5202

Wetter
Der richtige Arbeitsvertrag

Die wichtigsten Rechtsfragen bei Vertragsabschluss und späteren Änderungen.
Mit Vertragsmustern und Gesetzestexten im Anhang.

3.A. 2000. 117 S.
€ 5,88. dtv 50607

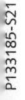

Arbeitsgerichts-verfahren

Rechte · Pflichten · Verfahren · Instanzen

Von Günter Schaub und Reinhard Künzl

7. Auflage

Beck-Rechtsberater im dtv

Schaub/Künzl
Arbeitsgerichtsverfahren

Rechte · Pflichten · Verfahren · Instanzen. Klagearten, Klageerhebung, Güteverhandlung, Vertretung durch Anwalt, Rechtsmittel, Vollstreckung, Einstweilige Verfügung, Beschlussverfahren, Kosten.

7.A. 2004. 475 S.
€ 14,–. dtv 5205 §

Alles über Arbeitszeugnisse

Zeugnissprache · Haftung · Rechtsschutz
Mit Beispielen und Zeugnismustern

Von Georg-R. Schulz

7. Auflage

Beck-Rechtsberater im dtv

Schulz
Alles über Arbeitszeugnisse

Zeugnissprache, Haftung, Rechtsschutz.
Arbeitszeugnisse beeinflussen maßgeblich die Entscheidung über Erfolg oder Misserfolg einer Bewerbung. Der Ratgeber behandelt nicht nur Rechtsfragen, sondern gibt auch Einblick in die „Geheimsprachen" und die Möglichkeiten zu ihrer Entschlüsselung. Mit Zeugnismustern und Beispielen.

7.A. 2003. 189 S.
€ 9,50. dtv 5280 §

Schmidt
Freie Mitarbeit - Ehrenamt - Minijob von A–Z

Rechtslexikon zu den arbeits-, steuer- und sozialversicherungsrechtlichen Fragen bei der Ausübung eines Ehrenamtes, einer Nebentätigkeit, einer Tätigkeit als freier Mitarbeiter oder Ein-Personen-Unternehmer.

2.A. 2004. Rd. 390 S.
Ca. € 13,50. dtv 5678 §

In Vorbereitung für Herbst 2004

Altersteilzeit

Mit Beispielen, Faustformeln und Vertragsmustern

Von Stephan Rittweger

1. Auflage

Beck-Rechtsberater im dtv

Rittweger
Altersteilzeit

Mit Beispielen, Faustformeln und Vertragsmustern.

1.A. 2001. 233 S.
€ 11,50. dtv 5636 §

Hansen/Kanstinger
Zeitarbeit von A–Z

Fachbegriffe, Zusammenhänge, Checklisten.
Die übersichtliche und handliche Informationsquelle zur Zeitarbeit in Deutschland, die das breite inhaltliche Spektrum sachlich, kurz, prägnant und verständlich wiedergibt.

1.A. 2001. 152 S.
€ 8,50. dtv 50850 §

Lexikon der Berufsausbildung

Über 1500 Begriffe für Ausbilder, Führungskräfte und Personalentwickler

Von Horst Gröner und Elisabeth Fuchs-Brüninghoff

Beck-Wirtschaftsberater im dtv

Gröner/Fuchs-Brüninghoff
Lexikon der Berufsausbildung

Über 1500 Begriffe für Führungskräfte, Ausbilder und Personalentwickler. Didaktik und Methodik, Rechtsgrundlagen, jugendpsychologische Fragen, Grundfragen der Berufsbildung.

1.A. 2004. 486 S.
€ 15,–. dtv 50835 €